Peter Böttger

MAL STATIST UND MAL SOLIST

Eine Ost-Biographie

Impressum:

Herstellung und Verlag: Books on Demand Norderstedt
Satz: Autor
Umschlagsgestaltung: Autor
ISBN: 978-3-8391-9051-7

Vorwort

Die Biografien stellen 5,4 Prozent der gedruckten Bücher. An Selbstbiografien dürften das noch weniger sein. Ich hätte gedacht, das wären mehr. Man hört doch ständig, dass Alle heutzutage schreiben. Das kann also nicht stimmen, besonders nicht im Osten. Daher schreibt mehr, Landsleute! Sammelt, ihr Historiker, denn es gehen euch eines Tages die Zeitzeugen aus. Statt der verkürzten Sichten auf unser Leben in der DDR von Journalisten, die gar nicht dabei waren, müsst ihr die ganze Vielfalt und Widersprüchlichkeit objektiv und breit dokumentieren. Sonst hören und lesen die Nachkommen nur das Schlechte. Um das Leben zu gestalten, dachten wir uns nämlich auch Gutes aus, taten Menschen Gutes. „Zugegeben, es war nicht alles gut.“, hörte ich neulich im Radio jemanden sagen. - Der hintersinnige Spaß gefällt mir.

Ich berichte jetzt von mir, offen und ehrlich. Wegen der vielen ICH’s könnte der Eindruck entstehen, ich wollte nur meine Person darstellen. Das ist nicht so; ich bin unbedeutend.

Mich treibt es zu beschreiben, wie sich DDR-Geschichte im Kleinen abspielte, ausschnittweise natürlich, aber authentisch.

Ich scheiterte nicht nur einmal, kämpfte weiter, stieg aus eigener Kraft auf. Fast naiv aber forsch ging ich an ein

Vorhaben, welchem Viele keine Chance gaben. Ich verwirklichte es. Doch am Schluss zählte ich zu den Verlierern des Beitritts. Zusammen mit dem real existierenden Sozialismus ging unter, worauf ich so stolz war.
Mein berufliches Leben verlief ohne Protektion.

Ich will auch deutlich machen, was an meinem Werdegang, der ab einem bestimmten Zeitpunkt dem vieler Anderer ähnelt, heute ungewöhnlich erscheint. Erst nach der Wiedervereinigung wurde mir völlig klar, wie ich durch die Räume und Zeiten des Arbeiter- und Bauernstaates marschiert bin, als gäbe es die ständige Verunsicherung durch die vertikal und horizontal agierenden Kontrollapparate gar nicht; als brauchte ich den Aufpassern, den bestalten, passionierten oder „leidenschaftslos kritischen“ keine Beachtung schenken. Das ging mir nicht allein so.

Dem Bild der DDR, welches aus politischen Gründen oder Ignoranz, vielleicht sogar aus Hass in den Medien sehr oft undifferenziert, wenn nicht gar einseitig negativ dargestellt wurde und wird, muss ich meine Skizze entgegen halten. Mag sie auch bescheiden oder provinziell aussehen. Es wird leicht sein, mich als Angepassten oder Opportunisten zu bezeichnen. Ich werde es aushalten, denn ich muss mich für nichts rechtfertigen.

Eine aberwitzige Besonderheit ist, dass ich zusammen mit meiner Frau die geschichtliche Wende in einer Schiffskabine verschlief, wenn wir nicht Delfine zählten oder orientalischen Straßenverkehr studierten und Altertümer besichtigten.

Dank sage ich dem Autor Walter G. Pfaus für den grundlegenden Hinweis, die Ich-Form und kein Pseudonym zu wählen. Dottore J. Cailloud und seiner lieben Frau danke ich für Ermutigung und Korrekturhilfe. Und noch jemand hat mir von seiner knappen Zeit geopfert, mein Manuskript gelesen und günstig beurteilt. Aber, sagt der Literat, ich hielte mich im literarischen Sprechen zurück und lieferte eher ein Sachbuch. Damit bin ich sehr einverstanden. Wunschgemäß nenne ich seinen Namen nicht, weil er sonst mit noch mehr Sonderwünschen überschüttet würde. - Habe Dank!

Vorgeschichte

In einer Fleischerfamilie ohne Geschwister aufgewachsen, konnte ich mir als Kind und Jugendlicher nichts anderes vorstellen als den Fleischerberuf zu ergreifen. Mutter und Stiefvater wollten das verhindern, weil ich ein „schmalgliedriger Junge" war. So hatte das der Schularzt ausgedrückt. Ich setzte meinen Willen durch. Nach der 10.Klasse der Oberschule lernte ich bei einem sächsischen Handwerksmeister mit Eifer. Der Sohn des tüchtigen Meisters machte erfolglos mit mir, was heute Mobbing heißt. Man erließ mir zu dessen Ärger ein halbes Jahr der Berufsausbildung. Danach verbrachte ich drei wunderbare Gesellenjahre an der Ostsee, von wo ich meine Elfi mit nach Sachsen nahm. Zwischen zwei Sommern arbeitete ich bei Köln, kehrte aber wegen der zu großen Klagen der Mutter über ihr Unglück zurück.

Ich hatte eine selten gewordene Marotte: Ich sang bei der Arbeit, mitunter auch zur Freude der Kollegen. Und ich las mehr als diese.

Meine Mutter trug nach dem zeitigen Tode ihrer Eltern die Verantwortung für zwei Brüder, sorgte für deren Ausbildung und erhielt das Erbe. Der Krieg nahm ihr beide. Mein Vater, schon 1942 aus der Wehrmacht entlassen, starb vor meinen Augen im Januar 1947 an Tbc. Ich war zehn. Der spätere Stiefvater, ganz allmählich wohl wegen seiner Kriegserinnerungen zum Trinker geworden,

das war das Unglück meiner Mutter, starb an Herzinfarkt. Mit vierundfünfzig Jahren starb auch sie, die liebenswerte, kämpferische, kluge. Da war ich vierundzwanzig. Ich trauerte lange. Die Heirat mit Elfi und die Geburt unseres Sohnes Thomas ließen den Schmerz langsam vergehen.
Mit Einundzwanzig schon hatte ich die Meisterprüfung bestanden und arbeitete in einer kleinen Wurstfabrik. Als der Stiefvater gestorben war, musste ich die Mutter unterstützen. Mit ihr und Elfi betrieb ich den zwangsweise an den volkseigenen Handel verpachteten Laden als „Verkaufsstellenleiter“.
Es entwickelte sich bei mir ein schweres Asthma. In dem engen Tal der Zwickauer Mulde zu leben, wurde für mich unerträglich.
Nach dem Tode meiner Mutter, Else Maria Böttger, geborene Löwe, verkauften wir das Elternhaus in Lunzenau, die *Fleischerei Moritz Löwe* mit einem Kleinod von Laden aus Meißner Fliesen. In Karl-Marx-Stadt wollte ich unserem Leben eine neue Richtung geben.

Der große Traum

„Wenn du nicht Sänger wirst, dann bleibst du dein ganzes Leben lang unglücklich!“
Was für ein Satz. Er war an einen jungen Mann gerichtet, der von Kunst im Allgemeinen und von der Musik im Besonderen recht wenig wusste.
Die pensionierte Hochdramatische der Städtischen Oper, Elly Doerrer hat das zu mir gesagt, als ich ein paar Monate erst in Karl-Marx-Stadt wohnte.
Seit zwei Jahren schon nahm ich bei ihr Stunden, weil mir der fabelhafte Dr. Findeisen in Coswig bei Dresden geraten hatte, mein Asthma selber zu bekämpfen. Das ginge, wenn man von einem Opernsänger das richtige Atmen erlerne, hatte der Doktor gesagt. Tatsächlich nahmen meine Beschwerden ab und dabei entwickelte sich die Stimme. Ich kaufte ein Klavier, nahm Unterricht und lernte Noten lesen. Die Unabhängigkeit der Hände eines Klavierspielers erlangte ich allerdings nicht mehr.
Die Gesangslehrerin nahm sich meiner an, einfach und lenkbar, wie ich war. Jedes Wort glaubte ich ihr. Ich lernte bei ihr leicht, weil ich musikalisch war. In ihrer burschikosen Art hatte sie mir erzählt, dass am Theater unter anderem die Redensart „dumm wie ein Tenor“ gebräuchlich sei. Diesen Spruch solle einmal keiner auf mich anwenden. Und, Achtung, wenn sie zu laut würde beim Kritisieren, so solle mich das schon auf den rauen Ton „am Bau“

vorbereiten. Am Theater ginge es immer kernig zur Sache. Eine kleine Ahnung von den schnellen, scharfen Urteilen der Theaterleute bekam ich umgehend: Mit meiner nagelneuen, ungefärbten, noch viel zu hellen Leder-Aktentasche trat ich eines Tages bei der Lehrerin ein. Sie stellte mich einem älteren Bassisten vor, der gerade gehen wollte: „Das ist Peter Böttger, ein junger Tenor." Der Bassist musterte mich und sagte: „Man sieht's, - an der Tasche."

„So sind sie alle, sei auf der Hut!", belehrte mich die Doerrer schmunzelnd. Zu ihr kamen mehrere Sängerinnen und Sänger vom Opernhaus, um mit ihr zu üben und die Stimme kontrollieren zu lassen. Ich lernte sie alle kennen. Manchmal sangen wir zusammen.

Sie sagten Schmeichelhaftes. Man lobte meine Anlagen, meinte, dass es weit und breit keinen so dunkel gefärbten Tenor gäbe; das werde mal ein Heldentenor. Die Doerrer wusste schon, dass meine Paraderolle Verdis „Othello" sein würde.

Zunächst sang ich einige leichtere Lieder von Schubert und lernte verschiedene lyrische Tenorarien.

Ich übte jeden Tag stundenlang. Die Wohnung in der maroden Jugendstil-Villa war dafür bestens geeignet. Ich störte niemanden. Morgens um Zehn konnte ich zuweilen schon das *hohe C* treffen.

Meine Lehrerin wurde immer mehr zu meinem Ankerpunkt. Ich konnte ihr Künstlertum nur bewundern. Als Frau eines Arztes hatte sie auch Kenntnisse von Anatomie und konnte die physischen Vorgänge beim Singen erklären. Sie lockerte meine Muskulatur im Brust-

Schulterbereich, die Zwischenrippenmuskeln und das Zwerchfell durch gezielte Übungen.

Schicksalhaft empfand ich die Art und Weise, wie ich die Doerrer gefunden hatte. Ich fragte damals einfach beim Pförtner des Opernhauses nach, ob er wisse, wer von den Sängern Unterricht erteilt. Noch in das ratlose Gesicht des ältlichen Mannes schauend spürte ich, dass mich jemand auf die Schulter tippte. Der Kapellmeister Heymann sagte: „Kommse mal mit!“ Ich musste erklären was ich wollte und sprach vom Rat des Arztes. Heymann sagte mir, seine Tochter habe Asthma und würde mit Erfolg von Frau Doerrer trainiert. Da solle ich hingehen.
Die Sängerin war einsilbig am Telefon. „Bitte machen Sie es kurz!“ Erst als ich den ärztlichen Rat und die Empfehlung des Kapellmeisters anbringen konnte, wurde sie zugänglicher. „Kommen Sie am … um … und singen Sie mir dann etwas vor.“ Ich sang „Vater, Mutter, Schwestern, Brüder hab ich auf der Welt nicht mehr.“ Sie lächelte, fand das ganz nett. Das „Lied des Veit“ aus Lortzings „Undine“ hatte ich einer Schallplatte von Peter Anders abgelauscht und ahmte natürlich dessen berühmte „Träne in der Stimme“ nach. Die große Walküre verkündete, nun gäbe es fürs erste gar kein Gesinge, es hieße meinen verkrampften Körper zu lösen. Meine Schultern berührend, fragte sie, ob ich Kohlenträger sei.

Sie ging aber bald dazu über, mich doch singen zu lassen. Solfeggien heißen die Tonleiterübungen, die zum Einsingen, aber auch zum Ausloten des Stimmumfanges absolviert werden müssen, täglich! *Solfeggio* hat etwas mit solvent, also locker, fähig, flüssig zu tun. Sie lehrte mich,

wie man mit dem Wort „Öl“ die Luftröhre zum Vibrieren bringen kann, die dann den gesamten Gesangsapparat lockert. Sie war eine Verfechterin der sogenannten Staumethode, die von anderen Gesangspädagogen abgelehnt wird, weil es gefährlich ist, die Luft zu stark zu stauen. Man kann sich auch stimmlich kaputt stauen.
Sie sagte was ich lesen müsse, wie Musik mit ihrem kulturhistorischen und gesellschaftlichen Hintergrund im Zusammenhang zu sehen sei, um sie ganz zu verstehen.
Also befasste ich mich mit den Komponisten und ihrer Zeit. Aus der „Zauberflöte“ lernte ich zunächst die „Bildnisarie“, später studierte ich die ganze Rolle des Tamino ein. Da las ich, was über Mozart zu bekommen war. Sie schenkte mir aus dem Nachlass eines ihrer Sängerkollegen Wagners „Mein Leben“. Ich begriff, wie ein Mensch der ein Ziel hat, alles was ihn behindert, überwinden kann, wenn nur sein Wille stark genug ist. Richard Wagner schreckte nicht einmal davor zurück, wegen des ewig knappen Geldes Menschen zu umschmeicheln und Bettelbriefe zu schreiben, nur um sein Werk als Ganzes verwirklichen zu können. Das wirkte zunächst abstoßend auf mich, aber dann sagte ich mir, dass die Welt ohne Wagners Musik unendlich ärmer wäre.
Wolfgang Windgassen, den Stuttgarter, erkor ich zu meinem Vorbild. Wenn ich den „Tannhäuser“ einmal so singen könnte, wie das die Schallplatte hergab, gar nicht auszudenken, die Welt wäre mein.
An meinen Beruf dachte ich nicht mehr.
Um das Angenehme mit dem Nützlichen zu verbinden, beschaffte ich mir die Auftrittserlaubnis, die nötig war, um

„muggen“ zu dürfen. Eine „Mugge“ ist ein „musikalisches Gelegenheitsgeschäft“. Diese Erlaubnis erteilte die Abteilung Kultur beim Rat des Bezirkes, meistens auf Empfehlung der staatlichen Konzert- und Gastspieldirektion, KGD. Man ging dorthin und sang vor. War die erste Hürde genommen, für einen „Freischaffenden Sänger“ nicht ohne weiteres selbstverständlich, kam es darauf an, mit Charme und Freundlichkeit die Damen zu überzeugen, dass man eingesetzt werden musste.
Zu dem Zweck des Geldverdienens lernte ich Operettenarien und Duette. Kalman und Lehar waren meine Lieblingskomponisten in diesem Genre. „D e i n ist mein ganzes Herz!“ Aber auch solche Opernschlager wie „Oh, wie so trügerisch“, „Dies Bildnis ist bezaubernd schön“, „Lebe wohl, mein flandrisch Mädchen“, und anderes mehr bot ich an. Es wurde genommen. Die KGD führte mich mit einer bulgarischen Sopranistin zusammen und hatte nun ein zuverlässiges Operettenpaar. Muggen wurde mein Geschäft. Betriebsfeste, Weihnachtsfeiern, Bälle und andere Feierlichkeiten beglückte ich gemeinsam mit einer meist neu zusammengewürfelten Truppe aus Conférencier, Musikern, Sängern, Zauberern und Artisten. Dem jeweiligen Klavierbegleiter gab man die Noten. Nur wenige Worte über das Tempo und bestimmte Stellen waren möglich. - Dabei nahm ich die Sache durchaus ernst. Ich hatte immer schreckliches Lampenfieber. In der ersten Zeit vermied ich es, das Publikum anzusehen. Angst, ein gelangweilter Blick könnte mich aus der Spannung bringen, war der Grund. An der feurigen Südländerin konnte ich mich festhalten und in ihre schmachtenden braunen

Augen blicken. Das hatte jedoch keine schwer wiegenden Auswirkungen.

Einmal merkte ich, dass der Staat keinen aus den Augen lässt. Ein älterer Polizist in Uniform stand vor meiner Tür und stellte sich als der zuständige ABV vor. Das hieß Abschnittsbevollmächtigter der Deutschen Volkspolizei. Er hätte mich üben gehört. Interessant wäre das, hundert Mal dieselbe Stelle. Und ob ich eventuell Lust hätte, *Helfer der Volkspolizei* zu werden. - Was ich denn da machen müsste? - Na ja, so bei Großveranstaltungen Ordner und so, da gäbe es aber erst mal eine Einweisung. Da ich mich offen gab, ging der Mann freundlich lächelnd.
Ich habe nie etwas aus dieser Richtung gehört. Der wollte nur wissen, wie wir wohnten und ob ich mich etwa der in der Verfassung festgeschriebenen Pflicht zur Arbeit entzog.

Es war inzwischen so viel zu lernen, dass ich einen Korrepetitor nehmen musste. Das eigene Klavierspiel reichte nicht aus, um eine ganze Partie einstudieren zu können. Der junge Mann, Wendland mit Namen, war am Opernhaus angestellt, assistierte dem Chordirektor und hatte Zeit. Ich bezahlte ihn, aber ich brachte ihn auch bei der Konzert- und Gastspieldirektion unter und wir tingelten zusammen.

Als ich einmal in meinem Heimatstädtchen Lunzenau den Pastor traf und dem von der Tingelei erzählte, sagte der: „Ach, Aftermusik machst du auch? “
Ich war beleidigt. Der Pastor versuchte die Sache spaßig gerade zu richten und schlug mir vor, zum Ausgleich Kirchenmusik machen. Und wo sollte ich damit anfangen, wenn nicht hier.

Die Idee zu einem ersten Kirchenkonzert trug ich der Lehrerin vor. Sie war einverstanden.
Wir nahmen uns eine Solokantate für Tenor, Orgel und Streicher von Dietrich Buxtehude vor. Die zwei Geiger, einen Bratscher und einen Cellisten aus dem Städtischen Orchester überzeugte Wendland, dass sie dem jungen Sänger halfen. Zeit für Proben hatten sie nicht.
Wir fuhren getrennt zur Kirche in meine Heimat und probten dort erst zwei Stunden vor der Aufführung. Mit dem Kantor hatte ich schon probiert. Aber sowohl dieser, als auch der Wendland hatte eine ganz andere Tempoauffassung von dem barocken Stück als die versierten Orchestermusiker. Wir hatten bisher viel zu langsam musiziert. Übrigens war auch der Doerrer dabei nichts aufgefallen. Der erste Geiger protestierte heftig und zwang dem Organisten ein Tempo auf, welches ihn und die alte Mechanik der Orgel fast überforderte. Wer sich über das viel schnellere Tempo freute, war ich. Die langen Verzierungen ließen sich so viel leichter „auf einem Atem“ bewältigen.
Die Kirche war voll. Vor dem nicht zu sehr verwöhnten Publikum brachten wir die Sache hinter uns. Applaus war in der kleinstädtischen Kirche nicht üblich, daher war

nicht zu beurteilen, ob die Musik und ihre Ausführung gefallen hatten. Was ich von dem Lob des Pastors und dem Schulterklopfen alter Bekannter halten sollte, wusste ich nicht genau. Fehler hatte ich nicht gemacht, konnte mich aber nicht freuen, war nicht glücklich, wie sonst, wenn es gut gelaufen war. Meine Ehrfurcht vor der Kunst, die von Können kommt, war jedenfalls gewachsen. „Wäre ich doch lieber auf eine Musikhochschule gegangen.", dachte ich. Aber ohne Abitur und ohne Beherrschen eines Instrumentes ging das gar nicht.

Meiner Elly, wie ich sie Elfi gegenüber nannte, konnte ich schwerlich mit solchen Bedenken kommen. Die sprach nun schon von der Vorbereitung auf die Bühnenreifeprüfung. Ich vertraute ihr; schließlich war sie ehrenamtliche Funktionärin in der Gewerkschaft Kunst und musste wissen, welche Wege zu gehen waren.

Ich studierte die Partie des Herzogs im „Rigoletto", den Tamino aus der „Zauberflöte", zwei Operettenpartien, - und den „Lohengrin".

Alle Sänger, die mich kannten, hätten mich warnen müssen. Der Einzige, der Bedenken gegen dieses Mammutprogramm und vor allem gegen die Auswahl äußerte, war Wendland. Jedoch, dem glaubte ich nicht. Die anderen wollten der Doerrer offenbar nicht dreinreden.

Um recht viel zu hören und zu sehen, wurde ich in der Oper Statist. Die Regisseure setzten mich zu besonderen Aufgaben ein. Ich machte zum Beispiel den Gottfried im „Lohengrin". Auf diese Weise hörte ich diese Wagneroper über vierzigmal. Das war übrigens die erste Inszenierung des jungen und später weltberühmten Harry Kupfer. Ich

konnte den hauseigenen Heldentenor und verschiedene Gäste in der Partie des Lohengrin beobachten, sah und hörte ihre zum Teil enormen Schwierigkeiten. Eine Aufführung musste wegen Stimmversagens des Hauptdarstellers abgebrochen werden. Sang ich für mich oder bei der Doerrer die *Gralserzählung*, war ich sicher *der* Lohengrin zu werden. Bei einer solchen Gelegenheit fragte ich meine Lehrerin, wie und wo ich denn das Darstellerische lernen solle. Darauf erwiderte die Diva:
„Das fällt dir zu!"
Ja, was soll ein junger Mann da weiter fragen? Eine solch kategorische Antwort, von einem verehrten Menschen, der eine anerkannte Koryphäe ist, verbietet jeden Zweifel. Gut war derlei für meine Selbsteinschätzung nicht.

Wenn ich mit dem Wendland in einem Probenraum des Opernhauses übte, gab es oft Zuhörer.
Darunter war ein allen als zuverlässiger Kopist bekannter alter Herr. Er hatte ein sehr freundliches Wesen und den Habitus des alten verbrauchten Künstlers. Zu allen Jahreszeiten trug er einen breitkrempigen Hut, unter dem strähniges graues Haar heraus hing und einen farblich nicht mehr bestimmbaren langen Gabardinemantel. Auch ich bestellte bei ihm Blätter, die man sonst nicht kaufen konnte, wie zum Beispiel die „Mattinata" von Leoncavallo. So etwas hatte der Gute alles da. Der alte Herr teilte mir eines Tages mit, dass er „Bayreuth", wo man ihn kenne, schriftlich informiert habe, hier wachse ein neuer Heldentenor heran. – Überrascht und ungläubig, aber auch so real denkend war ich, freundlich zu danken und darauf hin zu weisen, noch nie als Sänger auf einer Opernbühne

gestanden zu haben. Dass noch viel Zeit vergehen müsse, um an solch eine Karriere überhaupt zu denken. Der Alte lächelte weise, legte mir die Hand auf die Schulter und sagte, das werde schneller gehen, als gedacht.
Ich holte kurz darauf bei dem Kopisten bestellte Noten ab, wurde in die Wohnung gebeten und stand im Arbeits-, Koch- und Schlafraum des Mannes. Das komplette Chaos breitete sich in undenkbarem Schmutz rings um mich aus. Im Gegensatz dazu zeigte der Alte seine neuesten Arbeiten von wirklich gestochener Qualität. Er schrieb ganze Partituren, konnte instrumentieren und transponieren, ganz wie die Besteller es nach Besetzung und Tonarten wünschten. Seinen Stutzflügel erkannte man nur an der im Halbdunkel leuchtenden Klaviatur. Sonst war er unter Kleidung und Notenbündeln, Klavierauszügen und Büchern in wildem Durcheinander verborgen. Geschäftig fuhr der Alte in der Höhle umher, zeigte alte Theaterzettel, die gerade unter seinen Füßen erschienen und erzählte von großen Zeiten in Dresden, wo er Maria Cebotari angebetet hatte; erzählte, wie Tino Pattiera wegen einer Kritik in die Zeitungsredaktion gestürmt sei und den Schreiberling verprügelt habe und so weiter.
Dann machte er ein listiges Gesicht und bat mich in das angrenzende Zimmer. Das war gänzlich mit einer Art Stangengerüst ausgefüllt. Kreuz und quer, vom Boden bis zur Decke, führten Drähte umher, an die Stanniol- und Aluminiumfolien geklemmt waren. Die Folienstücke variierten in Breite und Länge, wie es eben Schokoladen- und andere Verpackungen hergeben. Keiner habe so eine großartige Antennenanlage wie er; die Anordnung des

Ganzen folge einer ausgeklügelten Technik, sagte der Mann und blickte mich Beifall heischend an. Ich stellte mich staunend, bezahlte, nahm meine Noten und ging. Ein Grausen überkam mich. Was war die Prophezeiung eines solchen Menschen wert? Mit niemandem sprach ich darüber. Sollte etwa jemand denken, dass ich den Worten des Alten Bedeutung geschenkt hatte?

Elfi war in die Entwicklung der Dinge einbezogen. So oft wir konnten, besuchten wir Konzerte oder Opernaufführungen. Sie konnte die Musik erfühlen und entwickelte langsam die Fähigkeit der Unterscheidung der Stile, Epochen und Genres. Sie sagte, was ihr gefiel und nicht gefiel. Wir beiden lernten, miteinander über Musik zu reden.

In Prag standen wir vor der verschlossenen Villa Bertramka. Das Musikerpaar Dušek hatte hier Mozart bewirtet. Hier komponierte er in der Nacht vor der Uraufführung die Ouvertüre zu „Don Giovanni". Ich rief. Die Museumsleiterin erschien am Tor. Ich bat sie inständig, eine Ausnahme zu machen, weil wir abends abreisen müssten. Die liebe Frau ließ uns ein.

Wir waren ganz allein. Es war geheizt. Das Cembalo stand offen. Eine Gardine bewegte sich. Gleich musste er kommen und spielen.

Wir zollten unserem Idol Momente großer Rührung und Dankbarkeit.

Ich arbeitete am Tag zu Hause, versorgte den kleinen Thomas, ging mit ihm spazieren und Elfi verkaufte im „Exquisit" schöne Bekleidung. Abends war ich viel unterwegs und Elfi allein. Zum Glück gab es eine nette Nachbarin im Oma-Alter, die bei dem Kind blieb, wenn wir zusammen ausgingen.

Meine Zeit musste ich streng planen.

In einer Gruppe, die im Opernhaus trainierte, lernte ich fechten. Italienisch lernte ich bei einem versprengten Italiener im Einzelunterricht. Auch dabei war ich schnell. Grammatikalisch eher oberflächlich, ging es mir vordringlich um das Verstehen, die Aussprache und die Interpretation der Originaltexte. Ja, und das sang sich natürlich viel leichter. „Una furtiva lagrima..." ist sanglicher als „Heimlich aus ihrem Auge sich eine Träne stahl."

Einige Male verkaufte sich mein Liederabend. Lieder von Schubert, Beethoven und Richard Strauß hatte ich zusammengestellt. Das genoss ich. Wenn ich „An Cäcilie" von Strauß als Zugabe sang, dann galt das „... habe Dank!" meiner Elfi. Und die klatschte wie besessen.

Ich sang an einem kleinen Theater vor und erhielt einen Vorvertrag, mit der Auflage, die Bühnenreifeprüfung zu bestehen.

Aber, aber, - ganz allmählich schwand das Wohlgefühl beim Singen. Bei leisen Passagen wackelte der Ton mitunter.

Wendland machte mich darauf aufmerksam, dass ich zu oft mit zu viel Kraft sänge. Das *Forcieren* ist häufig unangebracht, nicht werktreu, stilwidrig, nicht gefällig, und es macht den feinen Muskelapparat der Kehle hart.

Die Doerrer glaubte, dass die Stimme des Schülers, die sie für „groß" erklärte, in so jungen Jahren schon stark genug und technisch gefestigt sei. Im Unterricht klappte das

Meiste ja auch. Aber ich übte zu viel und offenbar falsch, tingelte und war auf vielen Hochzeiten. Allmählich stellten sich Versagensängste ein.
Das Bezirks-Blasorchester der Volkspolizei wollte mich für einige Konzerte haben.
In der ersten Probe sang ich ohne Mikrofon gegen den fürchterlichen Tutti-Klang an, den der enge Proben-Raum noch dicker machte. Bei einem hohen C schlug die Stimme über. Dieses schreckliche Krähen fuhr mir bis ins Mark; die Musiker schauten erschrocken, einige lachten. Ich erklärte den Job für beendet und ging mutlos nach Hause mit Schmerzen im Hals. Eine Art Krampf wirkte bis an den Gaumenbogen.

Im Dezember 1963 sollte ich zu einer Gala im Hotel „Chemnitzer Hof" singen. Vorsichtig übend kam ich zu der Einsicht, dass es nicht möglich war, ein Kunstwerk zu produzieren. Absagen war wegen des Vertrages erschwert, daher bat ich den ersten Tenor des Opernhauses, Lajos Pasztor, er war Ungar, in den Vertrag einzutreten. Der war einverstanden und versuchte mich zu trösten, bat mich, nicht aufzugeben. Mit Heldenpartien solle ich lieber noch warten, dafür würde ein Sänger erst langsam reif. Ich müsste doch gemerkt haben, dass das Athletik ist. Er selbst würde nie Wagner singen.
Jedoch, ich gab auf.
Ich konnte nicht mehr singen. Der HNO-Arzt stellte Knötchen an den Stimmbändern fest. Monate lang sang ich keinen Ton. Ich hatte fünf Jahre mit der falschen Technik vertan.
Wie nun weiter? Operieren, Ausheilen und von vorn an-

fangen bei anderen Lehrern? Wo, mit welchen Erfolgsaussichten, kein Geld verdienen?
Es war eine Katastrophe für mein Selbstwertgefühl, dazu kam Angst, Zukunftsangst.

„Vielleicht warst du doch ein Bariton?", dachte die Doerrer laut. - Meine Meinung über die Lehrerin war nun zwiespältig. Sie hatte mich zu früh zu sehr belastet, Fehler nicht erkannt; aber sie hatte mir die Welt der Musik gezeigt, mein ganzes Denken umgekrempelt. Ich hätte eben klüger sein, den kritischen Verstand einsetzen müssen. Stattdessen verdrängte ich meine Probleme aus Angst vor der Konsultation eines Experten.

Mein Leben lang habe ich Sänger, vor allem Tenöre „gesammelt", beobachtet, beurteilt, bewundert, verehrt. Aber auch Zweifel, die ich bei einigen hatte, musste ich bestätigt finden. Kein Mensch hat von Natur aus eine Opernstimme, bestenfalls eine schöne Naturstimme, Talent und noch mehr Gaben für die Ausbildung im Kunstgesang.
Die es bis an die Rampe schaffen und bleiben, sind für mich begnadete Menschen. Die Gesangsstimme – ein unschätzbares Geschenk. Wessen Geschenk? Ich antworte so: Ein Buch, im welchem die Erzeugung von Gefühlen durch Töne und die Wirkung der Musik Bachs, Mozarts und Beethovens neurowissenschaftlich erklärt wird, lese ich gar nicht erst.

Zurück zu den Wurzeln

Mein Naturell ließ mich zu dem Fazit kommen, dass mein Leben trotzdem reicher wird, auch wenn ich kein Künstler sein darf. Beethovens Ausspruch

„Musik ist höhere Offenbarung
als alle Weisheit und Philosophie!"

begann ich mehr und mehr zu verstehen.
Und was die Hauptsache war: Die Doerrer hatte mir geholfen, gesund zu werden. Die Staumethode ist vielleicht für meine Lunge gut gewesen?

Eines Tages sah ich meinen kleinen Sohn an und sagte zu ihm: „Dein Vater ist ein Arschloch, bedauert sich selbst; der verdient dich gar nicht."
Darauf ging ich zur Konsum-Genossenschaft und fragte, ob sie für den neuen Laden im Zentrum schon einen Fleischermeister hätten. Hier sind Zeugnisse und Referenzen. Nein, es gäbe noch keinen Bewerber, ich könnte sofort anfangen, müsste aber erst den Fliesenleger- und Malerdreck heraus räumen. Bei der fachgerechten Ausstattung sollte ich mitwirken.
Elfi war gar nicht mehr traurig. Die Arie des Herzogs aus Rigoletto: „Freundlich blick' ich auf diese und jene..." hatte ihre Angst geschürt, sie müsse ihren Liebsten irgendwann an diese oder jene verlieren. Das war nun erst einmal nicht zu befürchten.

Sie war sofort mit von der Partie, weil sie die Fleischerei liebte. Thomas fühlte sich im Kindergarten wohl und lernte viel. Das Tauschen gebrauchter Taschentücher mit den Bildern von Pittiplatsch, Schnatterinchen, Sandmann, Herrn Fuchs und Frau Elster wurde in der Gruppe durch die Anordnung des ausschließlichen Gebrauchs neutraler Schnupftücher unterbunden.

In den im März 1964 eröffneten Laden kamen bald auch die Damen der Konzert- und Gastspieldirektion einkaufen. Unbekümmert boten sie an, mich auch künftig einzusetzen. Ich nahm es locker, aber nur äußerlich. Tatsächlich war ich hoch empfindlich. Wenn im Radio ein Stück aus meinem Repertoire gespielt wurde, stand ich auf und verließ den Raum, weil ich mich meiner Tränen schämte. Die einstudierte und ausgeübte Musik wird Teil von uns. Hört man sie von anderen, atmet man mit, weiß, dass jetzt das Forte oder ein Decrescendo kommt, erlebt die gehabten Gefühle neu. Ich sah im Geist auch das Notenbild und den Text.
Das Abnabeln von „meiner Musik“ dauerte lange an.
Als Bekannte zu Besuch kamen, erzählte ich einen Theaterwitz: Zwei ältere Opernsänger treffen sich auf der Straße. Sagt der eine mit näselnder sonorer Stimme: „Na, verehrter Herr Kollege, wie geht's, was macht die Stimme?“ Antwortet der andere mit heiseren Krächzen: „Mit der Stimme geht's, aaaber die Knie.“ Darüber lachte ich selber, der Meinung, die anderen durchschauten mein Manöver nicht. Oft erinnerte ich mich an ein Gespräch mit Lajos Pasztor, bei dem mehrere Sänger zugegen waren. Er

beschäftigte sich mit dem Publikumsgeschmack und resümierte: „In Daitschland Säng-ger kann sing-gen wie Schwein, Hoaptsache ist Oasländäer." Wenn ich Leute hörte, die nicht meinem Geschmack entsprachen, insbesondere aus dem U-Bereich, manche legten sich extra einen Akzent zu, kam mir der Spruch in den Sinn. Aber sofort dachte ich, dass ich mir gar kein Urteil anmaßen dürfte.

Eines Abends, nachdem ich den Laden sauber gemacht hatte, stand ich nachdenklich im weißen Kittel hinter dem Schaufenster. In dem Moment kamen Choristen des Opernhauses vorbei, um zur Vorstellung zu gehen. Einer sah mich, machte die anderen aufmerksam und alle lachten hämisch. Ich kannte die kleine Gruppe als böswillige Spötter. „Ihr armseligen Kreaturen könnt mich...", war mein Gedanke.

Der Laden brummte, bald hatte ich acht Verkäuferinnen. Von morgens bis spät ackerte ich im Laden, mit Leib und Seele dabei. Das Geschäft wurde sehr bekannt. Wenn ich am Hackklotz stand, mit den Kundinnen flirtete, Rezepte und Hinweise zu den Garmethoden einflocht, dabei schnell und mit Sicherheit schnitt und hackte, war ich ein bisschen stolz, fühlte mich gut, - nützlich. – „Wenn das die Mama sehen könnte." -

Elfi war meine beste Fachverkäuferin. Nach und nach formierte sich eine Truppe, welche hart und gut arbeiten konnte, wo eine für die andere einsprang. Wir harmonierten fabelhaft, unternahmen gemeinsame Ausflüge, auch eine winterliche Fahrt mit dem Pferdeschlitten im Erzge-

birge. Wir besuchten zusammen Veranstaltungen. Ich bereitete alles vor und die Frauen lernten etwas über Dinge, von denen sie noch nie gehört hatten, um die sie sich nie selbst bemüht hätten. Ich fuhr mit ihnen nach Wechselburg, nahe meines Heimatstädtchens und zeigte ihnen die romanische Basilika. Dort sieht man ein Lindenholz-Kruzifix aus der Zeit der Weihe der Kirche vor 800 Jahren. In der Leningrader Eremitage ist das teure Stück restauriert worden und die Kunstexperten dort fanden es so bedeutend, dass sie eine Kopie anfertigen ließen.
Einen Geiger, den ich persönlich gut kannte, bat ich, für die Frauen Solostücke zu spielen und darüber zu sprechen.

Fünf Jahre dauerte dieser Lebensabschnitt. Ich blieb dran, immer gab es zu verbessern und zu rationalisieren. Wenn etwas nicht lief, konnte ich laut werden. Eine Aushilfe, die krumme Finger machen wollte, jagte ich mit Gebrüll aus dem Laden. Ich hieb mein Beil vor Zorn so tief in eine hölzerne Arbeitsplatte, dass sie gespalten wurde. Elfi erschrak bei solchen Gelegenheiten. „So etwas hast du früher nicht gemacht.“ Ich war so auf den Erfolg fixiert, dass ich Störungen durch Andere als persönliche Beleidigung empfand.
Bei mir kaufte auch der große Konsumchef der Stadt ein, der über ein paar tausend Leute gebot. Mit ihm diskutierte ich über die Versorgungslage, über die Arbeitsbedingungen, die Bezahlung, über Verbesserungsvorschläge, Inventurergebnisse und so weiter. Irgendwie muss er meine Einlassungen geschätzt haben, denn er fragte mich immer wieder um meine Meinung.

Der Pro-Kopf-Verzehr von Fleisch, Fleisch- und Wurstwaren war in der DDR sehr hoch. Er lag 1976 bei 100 kg, ohne Geflügel. Das entsprach dem Wert der USA. Auch in der Zeit der späten sechziger Jahre, von der wir reden, war das nicht viel weniger. Die Ursachen waren einmal das schmale Angebot an Gemüse und zum anderen das sehr niedrige Preisniveau. Insbesondere das zum Kurzbraten geeignete Fleisch war dadurch immer knapp. Die Frauen, alle berufstätig, hatten nicht viel Zeit zum Kochen und so verlangten sie die preiswerten Koteletts, Schnitzel, Rumpsteaks und Lendensteaks. Sie wollten aber auch Kochschinken haben. Nun kann man aber aus einer Schweinekeule entweder Schnitzel schneiden oder Schinken produzieren. Allerdings exportierte die DDR Schweinekeulen nach Frankreich für die Herstellung von „Lyoner Schinken". Also hatte manche Schweinehälfte keine Keule mehr, dafür erhöhte sich der Fettanteil, weil das dicke schiere Fleisch fehlte. Für die Verkäuferinnen war es manchmal nicht leicht, aber die allermeisten Kunden waren friedlich. Man musste eben mit ihnen reden, ohne politisch zu werden, man musste die Alternativen im Warenangebot herausstellen. Treue Kundinnen und Kunden fanden in Ihrem Packet ein paar Scheiben Schinken oder andere Spezialitäten, unter dem Ladentisch in Papier schon vorbereitet. Die Werktätigen des Handels vergaßen sich natürlich gegenseitig auch nicht. Gibst du mir, geb' ich dir. Es war, wie mit allen knappen Sachen, ein lächerlicher Eiertanz.

Beim Augenarzt saß ich mit anderen in einer Reihe. Er kam, um uns nacheinander wie am Band zu beträufeln.

An jeden richtete er knappe anweisende Worte. Als ich an der Reihe war, sagte er: „Und wenn se mal bisschen Leber haben." Und schon war er beim nächsten Patienten. Mein Laden war gleich um die Ecke. Ich schickte ihm bei der nächsten Gelegenheit Leber.

Der Betrieb zeichnete mich als „Aktivist der sozialistischen Arbeit" aus.
Wie auch immer, wenn ich meinen Gehaltszettel ansah, dachte ich: „Das kann es nicht gewesen sein."
Eines Tages hörte ich, dass ein alter Meister sein noch privates Geschäft aufgeben wollte.
Selbständig machen, das wär's!
Die Verhandlungen wurden aufgenommen und entwickelten sich gut.
Da ging Elfi wegen rheumatischer Beschwerden zum Arzt. Bald sollte sie eine Kur bekommen. Der Röntgenarzt machte eine besorgte Miene. Im Thorax wurde eine Lymphdrüsenerkrankung diagnostiziert.
Wieder war ein Traum geplatzt, der von der eigenen Fleischerei.
Wichtiger war aber, dass Elfi sehr schnell in eine Spezialklinik nach Leipzig kam. Söhnchen Thomas wurde zur Oma nach Koserow auf Usedom gebracht, was ihm auch gut tat. Und Elfi erfuhr, dass mit einem halbjährlichen Klinikaufenthalt zu rechnen sei. Aber nach acht Wochen wurde sie geheilt entlassen! Wir nahmen es als Wunder und waren dankbar.
Die Ärzte, es waren drei, einschließlich Hausarzt, erklärten übereinstimmend, dass Elfi sich keinesfalls der

Dauerbelastung in einem Fleischerhaushalt aussetzen dürfe, wenn sie gesund bleiben wolle. Darüber wurde zwischen uns beiden auch gar nicht diskutiert. Das war erledigt.
Sieben Jahre wurde Elfis Gesundheit fürsorglich überwacht und betreut. Sie blieb gesund.

Ich traf einen ehemaligen Berufsschulkollegen, der es als Ingenieur der Fleischindustrie bis in das Landwirtschaftsministerium geschafft hatte. Auch er war Handwerkersohn.
Von der Ingenieurschule für Fleischwirtschaft hatte ich schon gehört.
Der Mann meinte, dass ich mich unter Wert verkaufe und gefälligst weiterbilden solle.
„Und", betonte er, „immer lesen, was die Partei schreibt!"
Wir waren vertraut miteinander und sahen uns in die Augen. Er schloss ab mit den Worten: „Mensch, komm, denen zeigen wir, dass sie die Fachleute brauchen. Prost!"

Der Gedanke nistete sich ein: Ein Fernstudium aufnehmen und endlich neue Ziele abstecken.
Also sprach ich mit dem Vorstandsvorsitzenden der Konsumgenossenschaft, als er wieder bei mir einkaufte. Sofort war der bereit, mich zu delegieren. Es wurde vereinbart, dass ich wunschgemäß vom Handel in die konsumgenossenschaftliche Fleischindustrie wechseln sollte.
Zunächst reiste ich für ein halbes Jahr nach Wilhelmshorst in der Nähe von Potsdam, wo sich eine zentrale Weiterbildungsstätte des „Verbandes der Konsumgenossenschaften" VdK befand. Dort bereitete man die Bil-

dungswilligen auf ein Fachschulstudium vor. Mathematik, Physik, Chemie, Deutsch, Russisch und Marxismus-Leninismus (ML) wurden gelehrt. Den Leuten, die schon lange nicht mehr auf einer Schulbank gesessen hatten, wurde alles abverlangt. Nach heutigem Sprachgebrauch war es ein Crash-Kurs.
Ich hatte große Lust am Lernen, weil mir plötzlich Sachen eingingen, für die ich mich auf der Oberschule mit mehr oder weniger Erfolg richtig quälen musste. In den Pausen machte ich Atemübungen und „spülte" mein Hirn mit Sauerstoff. Die Doerrer hatte geheimnisvoll vom „Einsaugen des PRANA", dem „Lebensodem", gesprochen, konnte mir Yoga aber nicht beibringen. Ich fand meine eigene Methode zum Regenerieren.
Unter den vierzig Männern und Frauen des Lehrganges gewann ich den Blumentopf.

Im April 1969 trat ich eine neue Stelle in der Konsum-Wurstfabrik an. Sie sollte Stammbetrieb für ein zu bildendes Kombinat werden. Ich wurde Assistent des Direktors Erich Meyer und fungierte als Sekretär des Gründungsgremiums. Meine Aufgaben waren vielfältig. Ich war Protokollant, was ungeheuer schult, erfasste die mannigfachen produktions-technischen und ökonomischen Zahlen der anzugliedernden Betriebe, machte Analysen und entwarf Struktur-Pläne. Meyer ermutigte mich durch seine faire Beurteilung meiner Bemühungen und gab mir die Gewissheit, von Nutzen zu sein.

Im September ging es los mit der Ingenieurschule. Das Fernstudium dauerte vier Jahre. Etwa alle vier Wochen hatte man 6 Tage Konsultation und Unterricht in der Schule. Sie war in einem herrlichen Barockschloss im Ackerbürgerstädtchen Dahlen, zwischen Leipzig und Dresden, untergebracht.

Nach der Anmeldung wurden die neuen Fernstudenten gebeten, sich im Dachgeschoss ein Bett auszuwählen. Ich stieg hinauf und stand mit einem Kollegen, der sich als Wolfgang Klippstein vorstellte, vor den Betten. Es handelte sich um Doppelstockbetten aus Winkeleisen mit Böden aus Drahtgeflecht, welche gewaltig durchhingen. Ich bemerkte, dass schon Attilas Hunnen darin gepennt hätten und man sich im Ort wohl etwas Besseres suchen müsse.

Wolfgang und ich betraten ein kleines Gasthaus und fragten den Wirt, ob er für vier Jahre in Intervallen nach dem Studienplan ein Doppelzimmer an uns vermieten möchte.

„Ja, können Sie gleich angucken."

In diesem Zimmer wohnten wir beide, schnell Freunde geworden, tatsächlich jedes Mal, wenn wir in Dahlen waren. Wir mussten im Winter Briketts klauen, weil der Wirt zu wenig herausrückte. Dafür putzten wir uns an den Gardinen die Schuhe. Zwei Familienväter, 33 und 31 Jahre alt, Wolfgang war der Jüngere, wurden zu übermütigen Jungen.

Das Studium nahmen wir sehr ernst. Wir hatten unsere Chance und wollten sie nutzen. Wolfgang sagte mir, dass es unerlässlich sei, in die Partei einzutreten wenn ich einmal an maßgeblicher Stelle mitmachen wolle.

„Mitmachen“, das war es, was ich wollte. Wolfgang war ebenfalls Handwerkersohn und schon Leiter einer kleinen Produktionsstätte.
Ich lernte mit der Zeit viele solcher Pragmatiker kennen. Sie hatten Fähigkeiten, wollten diese einsetzen und unausgesprochen oder laut erklärt, etwas für die Gesellschaft tun. Und das wollte ich unbedingt auch.
Man dachte damals noch, das bessere Deutschland aufzubauen.

Der Lehre von Marx war nichts entgegen zu setzen. Die Schlüssigkeit und das klare Feindbild von den Ausbeutern, mussten den schlichten Geist fesseln.
Also, in meinem Kopf spielte sich Umwälzendes ab. Ich machte es mir nicht leicht, verglich Lehre und Praxis. Und gerade Missstände regten dazu an, mitwirken zu wollen, damit es besser würde.
Etwas werden, etwas bewirken zu dürfen, war möglich. Mitmachen, besser leben, für die Familie bessere Bedingungen schaffen, ich hatte es in der Hand.

34

Konfliktlösung
Die imaginäre Salamifabrik

Seit Potsdam, aber erst recht seit ich das intensive Studium betrieb, musste ich nach und nach lernen, mit einem Gewissenskonflikt zu leben. Das war der Widerstreit der Marxschen Philosophie mit dem Glauben, von dem ich mich nicht lösen konnte. So etwas ist auch ein „antagonistischer Widerspruch“. - Als ich einmal mit Elfi in der Prager Theynkirche stand, kamen zwei tschechische Armee-Offiziere herein. Sie bekreuzigten sich und beugten das Knie. Mein augenblicklicher Gedanke: „Lieber Gott; ich sehe, andere leben auch mit ihrem Konflikt, danke!“ Ich zimmerte mir aus bürgerlichem und sozialistischem Denken meine Weltanschauung zusammen. Etwa so, wie auch SPD-Politiker dualistisch dachten. Und denken? Es versteht sich, dass ich mit niemandem darüber reden konnte.

Als das Kombinat gegründet war, gab es für mich natürlich noch keinen Posten. Der Kombinatsdirektor fragte mich, fast schuldbewusst, ob ich das Neuererwesen leiten wolle. Ohne zu zögern, nahm ich an. Diese Tätigkeit war am besten geeignet, das Kombinat bis in alle Ecken kennenzulernen; ich würde Freiräume haben. - Das Gesetz über das Neuererwesen nutzte ich schöpferisch aus, so dass viele technische Verbesserungen, auch mit Beteiligung der ansässigen Technischen Hochschule und Metallbetrieben eingeführt werden konnten. Ich wartete nicht in meinem Büro auf Verbesserungsvorschläge, sondern wies die Leute auf lohnenswerte Aufgaben hin und organisierte Neuererkollektive, die Rationalisierungsaufgaben lösten. Das fiel auf.

An einer Sache war ich beteiligt, die man Produktpiraterie im kleinen Stil nennen könnte. Ein Parteibeschluss zur „gesunden Ernährung" forderte von der Lebensmittelindustrie die Herstellung fettarmer und kalorienreduzierter Nahrungs- und Genussmittel. In unserem Feinkostbetrieb produzierten wir auch Mayonnaisen. Als Emulsion waren sie nur stabil, wenn der Ölanteil herkömmlich hoch war, also zwischen 65 und 87%. Jemand aus Berlin beschaffte eine Maschine aus dem Westen, welche die Rezeptur-Bestandteile bis in molekulare Teilchengrößen verwirbelte. Deren elektrochemische Bindekraft war dadurch dauerhaft. Wir hatten plötzlich Mayonnaise mit 27% Ölanteil. Ich fand im Bezirk Leipzig einen handwerklichen Maschinenbaubetrieb, der die Maschine zerlegte und 11 voll funktionsfähige Repliken baute. Die verteilte der Jemand an Konsum-Feinkostbetriebe in den Bezirken. Es wurde nicht über die Sache geredet und so gab es auch keine Prämie. Wir hatten dem „Klassenfeind" ein Schnippchen geschlagen.

Der kompetente und ruhige Kombinatsdirektor machte auf mich nachhaltigen Eindruck. Später, als ich größere Verantwortung trug und vor einer Entscheidung stand oder vor einer Auseinandersetzung, kam mir immer wieder der Gedanke: „Was würde Erich Meyer jetzt sagen ?"

In dieser Zeit flüsterte mir Elfi ins Ohr, mit ihrem Kalender könne etwas nicht stimmen. –
Wir freuten uns. Es würde zwar wieder ein Einzelkind werden, weil Thomas schon bald zehn wurde, aber der freute sich auch ganz närrisch. Susanne, *die Liebliche*, wurde 1971 geboren.

Dem wirtschaftsleitenden Organ der Konsumgenossenschaften im Bezirk unterstanden drei fleischverarbeitende Kombinate, drei Backwarenkombinate, Getränkebetriebe, ein Fischwarenbetrieb und eine Bananenreiferei, und natürlich der Konsum-Einzelhandel und die Konsum-Gaststätten mit mehr als 30 000 Arbeitern und Angestellten.
Und dorthin, zum Bezirksverband, wurde ich noch während des Studiums gerufen, aber nicht als Neuererchef, sondern in den Vorstandsbereich Produktion als Branchenleiter Fleisch. Die in Mittel- und Westsachsen verteilten Betriebe beschäftigten 1200 Produktionsarbeiter, die täglich mindestens 150 Tonnen Fleisch- und Wurstwaren fabrizierten und dazu noch das Handelsfleisch bereitstellten. Ganz nebenbei hatte ich auch die Getränkeabfüller und den Plauener Fischbetrieb mit zu betreuen. Meine ersten Amtshandlungen dort waren unpopulär. Ich verbot den weiteren Einkauf roter Lebensmittelfarbe für Limonade, weil die Farbe gesundheitlich bedenklich war, was ich gerade gelernt hatte. Im Fischbetrieb, der die höchsten Gewinne erzielte, verbot ich den Einkauf von Wasserstoff-Superoxyd zum Bleichen grau verfärbter Heringsfilets. Ich war entsetzt und sorgte dafür, dass es beim Ma-

rinieren und Garen von Fisch fachgerecht und verlustarm zuging. Den Leitern sagte ich, dass ich kontrollieren werde, ob sie meine Anweisungen befolgten. Andernfalls hätten sie schriftliche Weisungen des Vorstandes zu erwarten. Aber den Frauen in dem Fischbetrieb verschaffte ich monatlich einen kostenlosen Friseurbesuch und 500ml Kölnischwasser. Sie sagten mir, dass sie keine Probleme mit Sitzplätzen in der Straßenbahn hätten. Die Leute würden von selbst beiseite treten. Da bekamen sie nach einiger Zeit doppelte, sogenannte Schwarz-Weiß-Garderoben. Ihre Straßenkleidung roch nun besser.

Ganz von selbst wuchs ich in meine Aufgaben hinein, weil ich das im Studium erworbene Wissen sofort anzuwenden versuchte und weil ich ein erprobter Praktiker war. Wegen dieser Erfahrung habe ich den zweiten Bildungsweg immer wieder empfohlen.

Die Anerkennung durch die Direktoren und deren Abteilungsleiter gab es nicht ohne weiteres. Ich habe sie mir beharrlich erworben, weil ich konkrete Hilfe und Unterstützung gab. Das heißt, ich buhlte nicht, sondern machte einfach meine Arbeit, wie ich sie verstand. Wöchentlich kümmerte ich mich in harten Auseinandersetzungen um die gerechte Verteilung der verschiedenen Arten und Qualitäten der Schlachttierkörper zwischen der volkseigenen und der konsumgenossenschaftlichen Fleischindustrie. Die Schlachthöfe waren nämlich alle volkseigen. Das „Bilanzorgan“ für Fleisch und Därme, Ungarische Salami, Kühl- und Staatsreserven saß in jedem Bezirk dort.

Bald trat ich in die SED ein. Der Kirchenaustritt war vorher schon vollzogen worden. Das hatte mit meinem religiösen Denken nichts zu tun. So redete ich mir das ein. Beeindruckt von den neu erworbenen gesellschaftswissenschaftlichen Erkenntnissen, bereitete ich meinen Entschluss vor, nun „Partei zu ergreifen". Sofort wurde ich gefordert. Man wählte mich zum Parteigruppenorganisator. Offenbar war das ein Teil des mir verborgenen „Kader-Entwicklungsprogramms". - Die Parteigruppe, das waren die Genossen des Vorstandsbereiches, einschließlich des Vorstandes. Der, ein kleiner dicklicher Mann, mit dem selbstgeschaffenen Nimbus eines Ministers, fragte mich eines Tages, was denn die Genossen für eine Meinung von ihm hätten.
Ich erklärte ihm, dass sie seine betriebswirtschaftliche Kompetenz schätzten, aber über die häufigen Zornesausbrüche verwundert wären. Auch fänden sie seine Meinung nicht richtig, dass es schon ein Lob sei, wenn er nichts kritisierte. Das musste der Mann, der selbst immer Parteidisziplin einforderte, schlucken.

Der Betrieb Zwickau verteidigte über drei Jahre die höchste staatliche Qualitätsstufe. Nun bekam er den Titel „Betrieb der ausgezeichneten Qualitätsarbeit". Direktor Neubert wollte zum Dank für meine Unterstützung mich und meine Frau zum großen Ball einladen. Der Vorstand jedoch strich uns von der Gästeliste. - Andere, die ich aufs Korn nahm, erwiesen sich als souveräner. Zum Beispiel schrieb ich für das Bergfest in Dahlen das Drehbuch für ein Kabarett. Dabei imitierte ich vor einer improvisierten Klasse fünf Lehrer, die alle im Saal saßen. Der Direktor

Ahlborn sagte leise zu mir: „Du bist ein unverschämter Bursche.“, und tanzte darauf aufgekratzt mit Elfi.
Durch die Einschätzung meiner Resultate kam ich zu der, unter Umständen gefährlichen, Überzeugung: „Mich kriegt keiner.“ Zudem hatte ich jenes gewisse Grundvertrauen.

Das Schloss Dahlen, Sitz der Ingenieurschule, barg für mich viele Fragen. Also ging ich ihnen nach.
Ich überraschte meine Kommilitonen und einige Lehrer mit einem Pausen-Vortrag über die Geschichte des Schlosses. Es hatte der Adelsfamilie von Bünau gehört, einem Geschlecht, das den Wettinern eine Reihe von Staatsdienern gestellt hatte. Das Treppenhaus war von Oeser, dem Leipziger Zeichenlehrer Goethes und Förderer Winkelmanns, mit barocker Illusionsmalerei ausgemalt worden. Im Schloss waren, wie im nahen Hubertusburg, Verhandlungen zwischen Preußen und Österreich zum Schlesischen Frieden abgehalten worden.
Dass ich mich mit den Feudalherren in dieser Weise befasste, stieß nicht bei allen auf Zustimmung und bei fast allen auf Verwunderung. – Da konnte ich nur sagen: „Ja, was kann ich denn dafür, dass Euch so etwas nicht interessiert?“
Die herrlichen Wand- und Deckengemälde waren in den letzten drei Jahren von Studenten und Diplomanten der Kunsthochschule Dresden restauriert worden.
Im März 1973 war alles fertig; im April brannte das Schloss bis auf die Außenmauern nieder.
Menschen kamen nicht zu Schaden. Allerdings verloren

Auslandsstudenten, die in den Mansarden wohnten, ihre Habe, Bücher und Mitschriften.
Viele Studenten und Lehrer trauerten und weinten, auch ich. Man fand ein Behelfsobjekt, wo unsere Seminargruppe den Rest des Studiums erledigte.

Manche Leute, das wusste ich immer, betrachteten mich wie einen weißen Sperling. Ein Lehrer sagte unter Bier sogar zu mir: „Also, proletarischen Stallgeruch hast nicht." Ich wusste gar nicht, was das hätte sein sollen. Ich benahm mich, wie ich erzogen war, normal. Ich zog immer noch den Hut. - Genauso, wie ich es von Verwandten nicht leiden konnte, wenn sie ständig *Gott* im Munde führten, war mir fortwährendes Reden über den Sozialismus suspekt. Manchen erschien, wie schon gesagt, mein Interesse an Geschichte und Kunst in diesem Kreise außergewöhnlich. Ein Beispiel: Der Fachgebietsleiter Marxistische Philosophie referierte über die italienische Renaissance. Engels hat das Wort von den Riesen geprägt, welche diese Zeit erforderte und schuf. Nun führte der Lehrer Dias vor, mit denen er die Fortschritte der Malerei und ihre neuen gesellschaftspolitischen Aussagen erklären wollte, welche die Zeitgenossen Leonardos herbeiführten. Zwischen Gemälden Michelangelos, Raffaels und Tizians erschien plötzlich ein religiöses Tafelbild, welches unbesprochen wegrückte. Ich rief: „Stopp, zurück, dass ist ein Beispiel für die Malerei davor, wahrscheinlich von Fra Angelico, der 100 Jahre vor da Vinci gewirkt hat. Das Dia soll wohl das Gegenstück zur Renaissance-Malerei zeigen." Peinlich. Aber, dass sich jemand von uns eingehend mit so etwas beschäftigte, war verwunderlich. Was sollte das einem sozialistischen Leiter nützen? Es steht im Lehrplan, gut; aber wir haben doch ganz andere Probleme. - Der Fachlehrer, als Dogmatiker heimlich belächelt, nahm das Dia aus dem Apparat und entzifferte auf dem Rahmen den Namen und die Lebensdaten des Fra Angelico. Er und einige Seminarteilnehmer schüttelten kurz den Kopf. Über seinen Lapsus ging er mit halber Ausrede hinweg. Marx und Engels selbst waren da gebildeter.

Ich war im Dezember 1972 im Schloss zu Direktor Ahlborn gerufen worden. Bei dem befanden sich Dr. Zweig, der von allen hochgeschätzte Fachgebietsleiter Technologie und der Genosse Kombinatsdirektor Hans Neubert aus Zwickau.

Man fragte mich, ob ich mir zutraue als Ingenieurarbeit eine Studie zur Schaffung einer Salami-Fabrik im Kombinat Zwickau anzufertigen. Der Genosse Neubert solle Koautor werden, weil er auf diese Weise den Titel Ingenieur-Ökonom zuerkannt bekommen könne. Er war von Beruf Buchhalter.

Keine Frage, das war *die* Aufgabe. Keine theoretischen Mätzchen, sondern angewandtes Wissen war gefragt.

Ein Nutzen für die Volkswirtschaft würde herauskommen.

Ich erhielt einen Auftrag, Referenzen für Behörden, mehr Zeit und eine größere Vorgabe für die Seitenzahl.

Jetzt brauchte ich mir selbst gar kein Thema suchen! Wunderbar, Realität wird sein, ein Sechser im Lotto!

Als die Arbeit nach fünf Monaten fertig und eingereicht

war, erhielt ich die Nachricht, dass keine Verteidigung stattfindet. Sie wurde mit dem Geheimhaltungsgrad „Vertrauliche Dienstsache“ versehen und als gesetzeskonforme Investitionsunterlage anerkannt.

Ich hatte fundiert dargelegt, wie man aus der Wurstfabrik und der angrenzenden Großbäckerei in Meerane eine Fabrik für Salami mit Edelschimmelbelag schaffen konnte. Da die Mittel für einen Neubau nicht planbar, d.h. nicht vorhanden waren, mussten die Altbauten entsprechend umgebaut werden. Das bestehende Bäckereigebäude wurde benötigt, weil die Wurst 60 Tage zum Bepilzen (mit Penicillium camemberti) und zum Reifen hängen musste, woraus sich ein großer Raumbedarf ergab. Der projektierte Produktionsausstoß von 10 t pro Tag sollte sogar Export gestatten. Es wurde bewiesen, dass im Einzugsgebiet bis nach Mecklenburg laufend genügend Schlacht-Sauen, das sind ehemalige Muttersauen, zur Verfügung standen. Deren trockeneres Fleisch war für die geforderte Qualität Voraussetzung. Die bisherige Waren-Produktion der Fleischerei verteilte ich auf andere Kombinatsbetriebe. Das betraf auch die Produktion der Bäckerei. Deren Stammbetrieb in Zwickau sollte Brot und Brötchen in der Menge mehr produzieren, die in Meerane ausfallen würde. Bedingung dafür war allerdings der Import einer Backlinie der Firma „Werner und Pfleiderer“ aus der BRD. Das Backwarenkombinat arbeitete parallel zu mir an der Konzentration und Rationalisierung. Der ökonomische Nutzen meiner Vorschläge aufgrund neu kalkulierter Preise und von Rationalisierungseffekten wurde am Schluss der Arbeit nachgewiesen. - Die Rücklaufzeit der

Investitionen sollte weniger als 10 Jahre betragen.

Auf meinem Abschlusszeugnis stand: „mit Auszeichnung“, dicht darauf folgte Wolfgang Klipstein mit „Eins“. Der Vorstand überreichte mir eine stattliche Prämie. Ich erlaubte mir zu sagen, dass ich gerne den neuen Betrieb aufbauen und dann leiten wolle. Natürlich erhielt ich dazu noch keine Antwort.

Man begann mit den planerischen Vorbereitungen. In Berlin wurde der Import der westdeutschen Backlinie genehmigt, der DM-Betrag bereitgestellt. Die DDR-Währung war bekanntlich nicht konvertierbar. Da wollte sich auch der Vorstand persönlich Meriten an die Brust heften. Er gab den großen Teil der genehmigten Devisen einfach zurück und kaufte eine jugoslawische Backlinie. So half er der DDR Valuta einzusparen. Über die eigenen Beine stolpernd, verhinderte er die Salamifabrik. Die Maschine war laufend kaputt, so dass an eine Verlagerung und Erhöhung der Produktion von frischen Brötchen und Brot nicht zu denken war. In Meerane wurde somit weiter nachbarschaftlich „gewurstelt“ und gebacken, wie bisher. Und die erstklassige Dauerwurst konnte weiterhin nur in kleinen Mengen, fast unter Laborbedingungen hergestellt werden. Denn der Pilz durfte nicht in die allgemeine Produktion gelangen. Die Superwurst wurde nur nach Berlin und in ein paar Interhotels geliefert. In der Bevölkerung war sie somit gar nicht bekannt. Mein Freund aus Lehrlingstagen, Hans-Peter Wolf, war der Direktor Produktion in Zwickau. Unter seiner Ägide war die Rezeptur und das industrielle Produktionsverfahren für „Zwickauer Salami Extra“ entwickelt worden. Er

hatte sich ebenfalls vergebens für „die weitere Verbesserung der Versorgung der Bevölkerung" angestrengt.
Wir konnten es, aber wir durften nicht.

Bis Klarheit über die Sache herrschte, waren zwei Jahre vergangen. Ich war meistens vor Ort, wurde von einem Chauffeur mit dem WOLGA gefahren. Als Bezirksgutachter kontrollierte ich mit einem Ausschuss, dem der Bezirkshygiene-Tierarzt vorstand, im Rahmen des „DDR-Wurstqualitätsvergleiches" die Erzeugnisgüte der Fleischindustrie und des Handwerks. Übrigens hatte man in der DDR genug Kräfte, die sehr penible Hygiene-Kontrollen in allen Lebensmittelbetrieben und Gaststätten durchführten. Die Lebensmittel-Industrie besaß in den Betrieben eigene Labore im Rahmen der Technischen Kontroll-Organisation TKO.

Im Büro waren Berichte und Analysen, Prognosen und fachliche Ausarbeitungen zu erstellen.
Einen Riesenaufwand erforderte die Kontrolle der Abrechnungen der Betriebe über die Produktion der Wurst- und Fleischwaren, die teils mit Gewinn, eigenartigerweise als „Mehrerlös" bezeichnet, und zum anderen Teil mit Subventionen unterstützt, hergestellt wurden. Ich arbeitete mit an mehreren DDR-Standards für Wurstsorten, den sogenannten TGL. (Technische Güte- und Leistungsnormen)

Bürokratie, Überwachungssucht der Hierarchien und Kontrollsysteme schufen Arbeit, die unproduktiv und verhasst war. Analysen und Berichte, die wohl nie jemand richtig las und auswertete, gehörten dazu. Und so kaute der Branchenleiter der Backwarenkombinate, mit dem ich das Büro teilte, am Bleistift. Ich fragte: „Frank, warum guckst du so miesepetrig?“ Neubert sagte: „Die Halbjahresanalyse... es kotzt mich an!“ Er war auch Ingenieur in seinem Fach, der Vater hatte eine kleine Bäckerei gehabt, und Frank wollte sich darin eine Eisdiele einrichten. Er war also auf dem Absprung. Ich hatte eine Idee: „Nimm doch die Analyse vom Vorjahr, ändere das Datum, hänge den neuen Zahlenteil an und fertig.“ Der Kerl machte das tatsächlich. Die Sekretärin merkte nichts und tippte das zusammengeklebte Manuskript ab. Aus Berlin kam danach nie eine Anfrage.

Eine ganz bestimmte Anweisung habe auch ich einfach vergessen und bin nie nach dem Stand der Dinge befragt worden. Ich sollte als eine Maßnahme der Zivilverteidigung den Plan zum Abkleben sämtlicher Fenster aller Produktionsgebäude mit geeigneten Klebestreifen vorlegen. Es sollte damit das Eindringen atomaren Staubes verhindert werden.
Auf welcher Stufe der Schwachsinn ausgedacht wurde, weiß ich nicht.

Unsere Mitarbeiterin Ruth Schmidt bilanzierte Mehl, Backzutaten, Natur- und Kunstdärme, Gewürze, Kalbfleisch und andere knappen Sachen zig-tonnenweise bis auf das Kilogramm für unsere Betriebe. Kalbfleisch war knapp, weil viel davon nach Italien exportiert wurde. Bilanzierung heißt hier geplante Verteilung nach bestimmten

Schlüsseln.
Frank zeigte uns eines Tages im Sommer den Brief eines ostfriesischen Geschäftsmannes. Schon die Anrede „Sehr geehrte Damen und Herren" ließ uns schmunzeln. Der wusste nicht einmal, dass wir nur „Werte Genossen" kannten. Außer Rand und Band gerieten wir, als herauskam, dass der Mann unseren ausgezeichneten Zwickauer Weihnachtsstollen probiert hatte und nun acht bis zehn Tonnen, Tonnen! davon für das nächste Fest „ordern" möchte. „Einfach *ordern* will der! Was ist denn das?" Uns liefen die Tränen vor Lachen; wo lebt der Mensch? Woher bitte sollten Mandeln, Rosinen und Zitronat kommen für diese Menge Stollen? Gleichzeitig wussten wir, es war zum Weinen, dass wir mit dieser anderen Welt nicht einmal telefonieren durften. Was in der Hansezeit schon normal war, geriet bei uns zur Lachnummer. Wir gaben den Brief an den Vorstand weiter. Ob er ihn im Berliner Konsum-Dachverband oder beim Außenhandel vorgelegt hat, blieb unbekannt. Wir jedenfalls hatten unseren eigenen Ostfriesenwitz. Selbstverständlich hat es auch solchen Export gegeben. Aber der war über alle Planungsebenen langfristig in die Wege geleitet worden.
Die Kapazitäten für ein schnelles Geschäft hätten wir gehabt.

Wir besaßen auch aus den eigenen Reihen Stilblüten und komische Formulierungen. China lieferte im Austausch zu hochwertigen Industriegütern gefrorene Schweinhälften. Diese bezeichneten wir als Katzen, weil sie klein und mager waren. Das Zerlegen und Auslösen erforderte aber die gleiche Arbeit, wie bei normalen

Schweinen. Nur lagen am Ende Schwarten und Knochen auf der Tafel und nebenbei auch etwas Fleisch. Als der Vertrag endlich ausgelaufen war, lasen wir in der Halbjahresanalyse eines unserer Betriebe: „Die Arbeitsproduktivität in der Zerlegung ist um ...Prozent gestiegen, seit wir keine Chinesen mehr verarbeiten müssen." In diesem Falle war die Formulierung wohl saukomisch.

Als ich erkannte, dass es keine Salamifabrik geben würde, war auch bei mir die Luft 'raus.
Mit der Arbeit in diesem „wirtschaftsleitenden Organ", dem Konsum-Bezirksverband war es nun genug. Praktiker bezeichneten ihn genau so als „Wasserkopf" wie so manche Kombinatsleitung oder staatliche Verwaltung.

Das war auch die Zeit, in der ich an den Wochenenden kunstgewerbliche Artikel herstellte. Ich ätzte Muster in Kupferbleche und Röhren und kreierte daraus Wand- und Tischschmuck, Leuchter und ganze Tischplatten. Für einen Speisesaal entwarf und gestaltete ich große Wandelemente mit dem Thema „Schöne Dinge des Lebens".
Ich brauchte das Geld für die Familie. Als Leitungskader verdiente ich nicht genug.

Parteiauftrag
Zweifel

Die SED-Kreisleitung erteilte mir, wie anderen Kadern auch, den Auftrag, einen halbstaatlichen Betrieb „zu betreuen", das heißt ideologisch unter der Belegschaft zu wirken, den Aufbau der Betriebs-Parteigruppe zu unterstützen. Dieser Betrieb produzierte Teile für Uhren, die von den volkseigenen Uhrenherstellern in Weimar und Suhl verarbeitet wurden. Der ehemalige Inhaber war nunmehr Kommissionär und noch Direktor. Ihm hatte man einen hauptamtlichen Parteisekretär vor die Nase gesetzt. Die Hauptbuchhalterin tat sich mit diesem Parteisoldaten zusammen. Beide intrigierten gegen den Chef. Und zwar in solch infamer Weise, dass der Mann sich hilfesuchend an mich wandte. Er offenbarte mir, dass er als Homosexueller von den Nazis zur Kastration gezwungen worden war und im KZ gesessen hatte. Seine einzige Hoffnung und Zuversicht dort sei sein Glaube gewesen. Nun streuten die beiden Intriganten in der Belegschaft nicht nur üble Witze über sein Unglück, sie diffamierten auch seine religiöse Gesinnung mit primitiven Mitteln, wovon ich mich überzeugen konnte. Wohlgemerkt, der Mann war anerkanntes Opfer des Faschismus. Die beiden waren sogar so dummdreist, auch mir gegenüber abfällige Bemerkungen über ihn zu machen, der übrigens ein ganz und gar fähiger Techniker war. Haargenau berichtete ich der SED-Kreisleitung über die Missstände. - Ich erhielt keine Gelegenheit darüber zu sprechen und wurde von der „Betreuung“ abgezogen, ohne einen anderen Auftrag zu erhalten. Mein Vertrauen in die Partei erhielt Kratzer.

Neue Hoffnung

Eines Abends erzählte mir Elfi, dass ihre Kollegin ganz betrübt sei, weil sie mit ihrem Mann nach Rostock ziehen solle. Der müsse dort einen neuen Betrieb mit aufbauen, möchte aber nicht richtig, sie hätten doch den Garten, die Kinder und die Enkel hier.

Am nächsten Tag war ich bei dem Mann im Büro. Es handelte sich um die Hauptdirektion IFA-Vertrieb, das Leitungs- und Führungsorgan des volkseigenen Fahrzeughandels der DDR. Der Mann, Genosse Heinz Thum, war der Kaderleiter und kannte mich.

Wir schmiedeten ein Komplott, damit er nicht weg musste und ich weg durfte.

Die Partei hätte gegen meinen beabsichtigten Wechsel Schwierigkeiten machen können. Daher waren ärztliche Atteste für die Kinder und mich selbst zu besorgen, aus denen hervorging, dass ein Wohnortwechsel an die Ostsee wegen Atemwegserkrankungen dringend geraten sei. Tatsächlich ging es mir mitunter nicht gut, ich befürchtete manchmal Rückfall in die alten Probleme.

Ich kündigte. Mein Vorturner im Konsum-Dachverband Berlin sagte, ich sei wohl verrückt geworden. Der Vorstand sprach nicht mit mir. Der Parteisekretär fuhr mich an und fragte, was ich mir da denke, ob ich überhaupt wisse, wo ich stehe und was aus mir hier werden könnte.

Das hatte mir bisher niemand gesagt; es war mir auch nicht mehr wichtig.
Innerlich hatte ich schon gepackt.

Die notwendigen Vorbereitungen wurden getroffen. Der IFA-Hauptdirektor Dr. Herbert Kästner empfing mich am Tag des Antritts, dem 01.06.1976, stellte den unmittelbaren Vorgesetzten vor. Nennen wir ihn Detlef Talke. Ich bekam die Schlüssel für einen neuen LADA, die Papiere, den Fahrauftrag und ab ging es nach Rostock. - Ich halte es für notwendig, die folgende Mitteilung einzufügen: Jeder Dienstreisende im Lande musste für jede einzelne Reise einen Dienstauftrag vom Leiter am Zielort oder bei Polizeikontrollen vorweisen können. Als Abrechnungsgrundlage zur Buchung war das Dokument abgezeichnet vom besuchten Betrieb oder der Einrichtung einzureichen. Daneben war das Fahrtenbuch obligatorisch vorgeschrieben. Spritztouren waren dadurch sehr erschwert. Der oberste Leiter musste sich den Fahrauftrag von seinem Stellvertreter ausstellen lassen.

Ich las einmal bei Scholochow irgendwo: „Mit vierzig fängt das Leben an!“
Eigentlich wollte ich da Direktor meiner Salamifabrik sein. Nun aber war ich überzeugt, die neue, wenn auch nicht klar erkennbare Herausforderung zu meistern.

Groteske
Menschen
Das Flohlied

Talke in einem, der Handelstechnologe Weber und ich in dem anderen LADA, kamen spät abends in Rostock an. Die Autobahn Berlin – Rostock war noch nicht durchgängig fertig. Weber hatte von Talke den Auftrag, meine Fahrkünste zu beobachten. Er sagte mir das.
Am Dienstagmorgen tagten wir drei mit der Sekretärin, die man in Rostock gefunden hatte, im Eingangsgebäude Süd auf dem Gelände der „Ostsee-Messe".

Diese „Messe" ist eine politische Veranstaltung gewesen, auf der die DDR um die Gunst der Ostseeanrainer warb. Mit der Aufnahme der DDR in die UNO und durch die internationale Anerkennung des zweiten deutschen Staates war die teure Veranstaltung nicht mehr notwendig; nennenswerte Umsätze wurden dort nie getätigt.

Das Gelände von etwa vier Hektar war zum Teil mit verschiedenen Hallen bebaut. Durch Intervention des Ministers Günther Kleiber wurde es dem IFA-Kombinat PKW zugesprochen, mit der Auflage, dort einen neuen Handelsbetrieb für PKW, Zweiräder, Ersatzteile und Zubehör zu gründen. Die Bezeichnung „IFA" stammte aus der älteren Firmierung „Industrieverband Fahrzeugbau". Ungewöhnlich war die Struktur des IFA-Vertriebes: Unter einer Leitung gab es den PKW-Handel, den Großhandel mit Ersatzteilen, Zubehör, Fahrrädern, Motorrädern und Mopeds, sowie den Einzelhandel mit den Sortimenten des eigenen Großhandels. Dieser belieferte ferner fremde Werkstätten und einige Einzelhändler anderer Eigentumsformen.

Talke leitete den Aufbaustab Rostock. Ich war der neue Mitarbeiter.

Das Protokoll der ersten Sitzung, die ich mitmachte, beinhaltet die folgenden Tagesordnungspunkte:

1. Auswertung des IX. Parteitages der SED / Schnellere Investitionsplanung
2. Auswertung der Berichterstattung beim Hauptdirektor und Präzisierung der nächsten Aufgaben
3. Erstellung einer Zielmatrix für die termingerechte Abgabe der GE am 15. August 1976
4. Allgemeines: Gen. Böttger wird Mitarbeiter für Allgemeines

Wörtlich legte Genosse Talke fest, dass ich „für die kleinen Dinge" zuständig sei. Mein erster Auftrag war es, in der Stadt ein Vorhängeschloss und Toilettenpapier zu besorgen. Mir schwante Unangenehmes.

Die „GE" war die *Grundsatzentscheidung* für die Planung und Durchführung der Gesamtinvestition, für deren allerhöchste Genehmigung im Ministerium. Es war die Vorlage für eine grundsätzliche Entscheidung.

Da ich keinen weiteren Auftrag hatte, besichtigte ich die Hallen, die zum großen Teil als Ausweich-Lagerhallen für Möbel, Haushaltwaren, Schuhe und Lederwaren dienten.
Danach sah ich mir die Bestandszeichnungen der Hallen an.
Weber hatte die Aufgabe erhalten, den Energiebedarf, einschließlich der Fernwärme für den neuen Betrieb zu ermitteln. Es lag aber noch gar keine Nutzungskonzeption vor.

Am Mittwoch kam Talke freudig erregt aus seinem Raum gestürmt. Ein Blatt schwenkend, tat er kund, dass er auf trigonometrischem Wege ermittelt habe, wie groß das IFA-Emblem sein müsse, welches künftig den Messeturm krönen werde. Drei Meter fünfzig im Durchmesser, gewaltig! Listig lächelnd sagte er, deshalb habe er gestern den Schatten des Turmes gemessen und Winkel bestimmt; seine Logarithmen-Tabellen habe er auch extra mitgebracht.
Ich ging weiter meinen Gedanken nach und schrieb und rechnete. Talke hatte Wichtiges in der Stadt zu tun.

Am Donnerstag erbat ich Audienz und fragte, was mit den einzelnen Hallen geschehen solle.
Talke sagte, dass die Technologen im Kombinat noch keine Zeit gehabt hätten, herzukommen.
„Egal“, erklärte ich, „die Hallen sind so leicht gebaut, dass sie für eine dauerhafte Nutzung als Autohaus, Werkstatt oder Kaufhalle gar nicht taugen. Die Asbestdächer haben die Festigkeit von Knäckebrot. Die Ausfachung der Wände mit Glasprofilen muss entfernt und

durch winterfestes Mauerwerk mit Fenstern ersetzt werden. Dazu muss man wahrscheinlich erst die Streifenfundamente verstärken. Die Fußböden sind, weil zu dünn, durch Gabelstapler und LKW kaputtgefahren. Stehen bleiben nur die tragenden Stahlkonstruktionen, die allerdings hier und da stark angerostet sind. -
Wie hoch ist denn die geplante finanzielle Kennziffer?"
Talke machte „aach" und „najaa", die Partei verlange, dass sparsam mit den Mitteln umzugehen sei. Dann rief er den Kollegen Weber hinzu. Der erlaubte sich, zustimmend zu nicken, als ich weiter sagte, bei zwei Reisetagen in der Woche und mit dieser Besetzung könnte die GE allenfalls in einem Jahr fertig sein.

Am Freitag früh rüstete Talke unverzüglich zur Heimfahrt. Sein größtes Ziel heute sei es, seine Frau, wenn die von Arbeit käme, mit Kaffee, frischen Brötchen und Schweizerkäse, den er gestern in der HO-Kaufhalle Evershagen erwischt hätte, zu überraschen.
Im Auto spielte er mit zwei allerliebsten Handpuppen. Es waren Äffchen. Beim Überholen, wozu er Weber extra aufforderte, erfreute er die Leute in den anderen Autos durch sein Puppenspiel. Dann fragte er die beiden Affen, ob sie den Onkel Peter lieb hätten. Beide schüttelten vehement das Köpfchen.
Am Samstag meldete er sich krank.

Am folgenden Montag berief mich Dr. Kästner zum stellvertretenden Aufbauleiter, nachdem ich präzise dargelegt hatte, welche Maßnahmen einzuleiten ich für notwendig erachtete. Ich sagte, dass je ein Ingenieur für

Bau, Handelstechnologie, ein Ökonom, ein Baupreiskalkulator, eine Zeichenmaschine, zwei Schreibmaschinen etc. sofort bereitgestellt werden müssten, wenn an dem Abgabetermin für die GE festgehalten werden sollte. Auch ein Fahrer und eine Zeichnerin seien einzustellen.
Der Chef legte sofort fest, wer von seinen Leuten wofür verantwortlich war.
Eine Woche später konnte ich in Rostock über die Leute und die Technik verfügen.
Die Spezialisten waren aus dem Kombinat rekrutiert, überzeugt und delegiert worden.

An besagtem Montag hielt mich Dr. Kästner noch zurück. Dieser Mann beeindruckte mich sehr. Ein großer schlanker Sechziger mit grauem Bürstenschnitt, tadellosem Anzug und scharfem Blick. Den Offizier konnte er nicht verleugnen.
Er gab mir den Auftrag, mich zu dem Sekretär für Wirtschaft in der SED-Bezirksleitung Rostock zu begeben. Das sei der Genosse Manfred Scholze, übrigens ein Dresdner.
Dann sagte er, was dort vorzutragen sei. Er schaute mich, der in einigem Abstand vor dem Schreibtisch saß, forschend an und befahl:
„Wiederhole, was ich gesagt habe!"
Ich erwiderte, dass mich bisher niemand in dieser Weise examiniert hätte.
Kästner drehte sich mit dem Sessel, öffnete die Tür des Schreibtisches und beugte sich tief zum untersten Fach, so, als suche er etwas. Er hustete. Dem Kaderleiter hat er danach den Auftritt erzählt und gestanden, dass er

beinahe „über den frechen Hund“ laut gelacht hätte.
Wir beiden hatten uns gesucht und gefunden. Bei aller Wertschätzung, die mir durch Kästner in der Folgezeit entgegen gebracht wurde, hielt ich respektvollen Abstand; und auch das entsprach der Auffassung des Chefs. Der war Sozialist, aber er verachtete allzu Vertrauliches und Kumpanei. Daher mochten ihn manche nicht.

Der beachtlich aufgestockte Aufbaustab arbeitete, ohne dass einer auf die Uhr schaute, auch samstags. Sonntags gingen wir geschlossen zum Strand.
Ich schrieb meiner Frau:
„Am Sonntag war ich am Strand. Als die anderen in der Sonne dösten, schwamm ich, sah die See, die Schiffe, den Leuchtturm und fühlte mich so wohl, so stark, und ich war meiner Sache so sicher. Da sagte ich leise, beschwörend, vor mich hin: Das alles werde ich mir erobern!“

Wir wohnten in Hotels, auch im Interhotel „Neptun“. Ich rechnete die voraussichtlich sehr hohen Hotelkosten aus und schlug Kästner vor, eine Fünf-Raum-Wohnung zu mieten. Die konnte wegen noch nicht fertiggestellter Zufahrten im gerade erschlossenen Neubaugebiet Schmarl noch nicht an private Mieter vergeben werden. Der zuständige Stadtrat hatte schon genickt. Ich kaufte mit Zustimmung der Abt. Handel und Versorgung aus dem „Bevölkerungsfonds“ Betten, Wäsche, Kleiderschränke, Kühlschrank, Fernseher und Herd. Aus alten Gummistiefeln machten wir Männer uns Galoschen,

damit wir durch den Schlamm zu unserer „WG“ kamen. Die Kosten betrugen 50 % der Hotelkosten.
Auf dem abendlichen Heimweg beauftragten die Burschen immer mich mit dem Einkauf von Fleisch und Wurst.

Da kehrte Talke nach drei Wochen zurück. „Böttger zum Rapport!“, rief er forsch durch die Räume.
Der große Mann mit der glänzenden Vollglatze und rosigem Gesicht hatte sich hinter seinem Schreibtisch in Pose gesetzt. Lässig rauchte er eine Zigarette, was er eigentlich ununterbrochen tat.
Ich ging mit Unterlagen und Zeichnungen zu ihm und berichtete konzentriert, was wir in der Zwischenzeit getan hatten und welche komplizierten Fragen noch zu lösen wären.
Ohne ein Fazit zu ziehen, entließ mich Talke aus der Besprechung.
Kurz darauf kam die Sekretärin, machte „psst“ und zog mich in Talkes Zimmer.
Dessen gewaltiger Schädel lag auf der Schreibunterlage, die schon ganz durchfeuchtet war. Der Mann hatte einen Weinkrampf.
Ich holte diskret den Fahrer. Der und die Sekretärin brachten Talke in die Klinik.
Diesen Mann bedauerte ich. Er hatte erkannt, dass er auf dem falschen Posten war, nicht die Nerven dazu hatte.

Dr. Kästner war noch nicht lange im IFA-Kombinat, daher musste er denen vertrauen, die ihm rieten, ausge-

rechnet den Genossen Talke nach Rostock zu delegieren. Diese Leute hat er sich nach dem Scheitern des Mannes zur Brust genommen. Ich zitierte den bekannten Satz:
„Kollegen sind keine Menschen!“
Sie hatten dem Manne selbst und dem Kombinat in unverantwortlich leichtfertiger Weise geschadet.

Ich habe nicht das Geringste gegen Talke getan, und konnte mich über die Groteske zunächst nicht amüsieren, weil ich dachte: „ Wo bin ich hingeraten?“

Ob diese Art von Fehlbesetzung vielfach vorgekommen ist, darüber kann man spekulieren. Es gab tatsächlich Leute, die allen Ernstes sagten: „Ein Kommunist kann alles.“ Talke zeigte zu oft ein Zeitungs-Foto, auf denen Kampfgruppenmitglieder mit Kalaschnikow vor dem Brandenburger Tor zu sehen waren. Sie bewachten den Mauerbau. Von einem der Männer behauptete er, dass sei er selbst. - Vielleicht wollten ihn seine Kollegen absichtlich gegen die Wand fahren lassen?

Kästner rief an und verlangte, dass die Kopie des Briefes, in welchem der Genosse Talke den Abbruch aller Aktivitäten in Rostock empfahl, weil die Schwierigkeiten unüberwindlich seien, vernichtet werde.
„Jawoll!“
Ich hob dieses „Dokument“ natürlich auf.
Fernmündlich ernannte Kästner mich zum Aufbauleiter und reichte die Vollmacht nach.

Der bis dahin stolzeste Tag im Leben war für mich der Tag im August 1976, an dem ich die ***Grundsatzentscheidung***, geheftet in IFA-Blau, zur Hauptdirektion bringen durfte. Der geplante Investitionsaufwand betrug 11 Millionen Mark.
Wir veranstalteten in Rostock eine Feier. Das Kombinat verteilte reichlich Prämien, vor allem an die treuen Helfer, die, fern von den Familien, nach Rostock delegiert, den Erfolg möglich gemacht hatten. Dass daraus ein Gelage wurde, war in Ordnung. - Ich erhielt einen kostenlosen Winterferienplatz im Thüringer Wald für die ganze Familie.

Im September begannen wir mit „umbilanzierten Mitteln" zu bauen. Dieses, für die DDR-Verhältnisse ungewöhnliche Tempo, brachte mir im Kombinat und in den Rostocker Amts- und Parteistuben den Ruf eines „Durchreißers" ein. Ohne die Kreativität der Planer im Kombinat hätte man mit den Baumaßnahmen jedoch noch einige Monate warten müssen. Aber finanzielle Planmittel waren *ein* Teil, den Baubetrieb zu bearbeiten war der andere; und das war mein Part.

In meinem Arbeitsvertrag stand, dass ich im neuen Betrieb „…eine seiner Qualifikation entsprechende Stellung" bekommen solle. Wer so einen Vertrag unterschreibt, ist ziemlich vertrauensselig, naiv oder restlos von sich überzeugt.

Im Oktober verlangte ich von Dr. Kästner, dass er nun bald den künftigen Betriebsdirektor herbei schaffen

müsse, die Betriebsgründung sei per 1.1.1977 festgelegt. Kästner schaute mich mit zusammengekniffenen Augen an, einen Mundwinkel hoch, den anderen heruntergezogen und schnarrte: „Betriebsdirektor, das machst du!"
Ich erwiderte: „ Das kann ich nicht."
Die Antwort war: „Dann lernst du es!"
Ein weiteres „Kadergespräch" fand nicht statt.

Als später Dr. Kästner festlich in den Ruhestand verabschiedet wurde und ich zu ihm trat, flüsterte der verehrte Chef mir ins Ohr: „ Ich nehme deine ganze Korrespondenz mit nach Hause. Wie ein Roman." Er kannte nur Arbeit.

Es war mir klar, dass die Berufung des Betriebsdirektors von der SED-Bezirksleitung genehmigt werden musste.
Ich dachte: Die kennen mich nicht, sicher werden sie einen ansässigen, verdienten Genossen auf den Stuhl setzen. – Tatsächlich kam ein Mann zu mir, der glatt heraus sagte, man wolle ihn hierher umsetzen. Er möchte jedoch lieber seinen Betrieb weiterhin leiten. Er wolle mich, den Sachsen, nur mal sehen, eventuelle Hilfe anbieten; im Übrigen sei er nicht gewillt, mein Konkurrent zu werden. War der Mann nur Kundschafter? – Wir haben uns in den folgenden Jahren immer gut verstanden. Er reparierte Panzer und andere Armeefahrzeuge.

Wenig später hatte ich bei dem Genossen Scholze zu erscheinen. Mich befiel ein leichtes Lampenfieber.
Der Wirtschaftssekretär war ein Mann Ende Vierzig,

volles dunkles Haar, gut angezogen, mit offenem Gesicht. Er schaute den Leuten in die Augen.
Das Gespräch verlief schnörkellos. Ich berichtete über meinen beruflichen Werdegang, sparte die Singerei nicht aus und bat um Unterstützung in der Wohnungsfrage. Scholze gab mir den Tipp, in dem ausstehenden Ratsbeschluss der Stadt zur Umsetzung der GE auch die Regelung über die Vergabe von Wohnungen, Kinderkrippen- und Kindergartenplätzen zu verlangen. Er selbst wolle darüber mit dem OB sprechen. Dann wären Wohnungen für anzusiedelnde Leitungskader sicher.
Scholze verabschiedete mich freundschaftlich. Genaues über meine Berufung wusste ich immer noch nicht.

Der Kaderleiter Heinz Thum kam nach Rostock. In der BL besprach er mit dem Abteilungsleiter Scholzes, Paul Kessler, die Modalitäten der Berufung. Ich wurde hinzu gezogen und Kessler führte das Gespräch im Beisein einiger seiner Mitarbeiter weiter. Mit ernstem Blick fragte er in die Runde, ob es möglich sei, dass sich ein Sachse in Rostock einleben könne, wenn er kein Platt verstünde. Er konnte nicht wissen, dass ich damals an der Ostsee mit einem Gesellen oft Platt geübt hatte.
Ich erzählte also einen deftigen plattdütschen Witz. Der Kaderleiter erschrak und erlaubte sich erst zu lachen, als alle sich auf die Schenkel schlugen, obwohl er selbst nichts verstanden hatte. Dabei war er selbst ein guter Erzähler, wenn der vertraute Kreis versammelt war. Als ehemaliger Major der Volkspolizei kannte er die besten Witze über diesen Teil der Staatsmacht.

Der zu gründende Betrieb mit dem Namen „VEB IFA-Vertrieb Rostock“ wurde der achte Betrieb dieser Art in der DDR. Sein Versorgungsgebiet war der Bezirk Rostock. Von Grevesmühlen im Westen bis nach Rügen und Wolgast im Osten bestanden schon einige Läden für Ersatzteile, Zubehör, Fahrräder und motorisierte Zweiräder, die bisher von Neubrandenburg aus geleitet wurden. In Rostock befand sich außerdem das „Autohaus“ für den gesamten Bezirk. Es stand an der Warnow wahrscheinlich auf Schwemmsand, denn ein Gebäudeteil hatte eine Neigung von ca. 8 Grad.
Das IFA-Kombinat PKW Karl-Marx-Stadt gehörte zu dem Ministerium „Allgemeiner Maschinen-, Landmaschinen- und Fahrzeugbau“ MALF, quasi einer Konzernleitung.
Minister war Günther Kleiber, ZK-Mitglied und Kandidat des Politbüros, später auch dessen Mitglied. - Ein oder zweimal nur habe ich beiläufig erwähnt, wer da möchte, dass wir das Vorhaben durchziehen. Es half. Ich habe Kleiber erlebt, er mich nicht.
Der neue Handelsbetrieb als Teil des PKW-Kombinates unterstand ausdrücklich nicht der Lenkung und Weisungsgewalt der Abteilung Handel und Versorgung beim Rat des Bezirkes.
Trotzdem meldete ich mich bei dem Genossen Erwin Wildner an, der als Stellvertreter des Ratsvorsitzenden diese Abteilung leitete.

Ich überbrachte Grüße des Genossen Dr. Kästner, informierte über den Stand der Dinge und die geplanten Vorhaben. Das muss dem Wildner gefallen haben, denn

er sagte seine Unterstützung zu.
Da wurde ich noch konkreter und übergab eine Liste mit Terminen, zu denen die Groß-Handelsbetriebe die Hallen auf dem Gelände entsprechend dem Bauablaufplan doch bitte räumen sollten.
Wildner guckte weniger freundlich, muss es aber eingesehen haben, denn er sagte: „Wer das eine will, muss das andere mögen." Die Zeit für einen niveauvolleren Fahrzeughandel sei schließlich schon lange reif.
Der Mann hatte Charakter. Nachdem er mich einmal unverdientermaßen gerüffelt hatte, rief er eine Stunde später an und entschuldigte sich. Er war stets stark belastet und doch überwiegend freundlich. Als ein Mann der ersten Stunde schon in seinem Metier, war er eine Institution.

Pflichtgemäß war der Rat der Stadt schon einbezogen worden, als die Grundsatzentscheidung entstand. Die Stadt-Plankommission verhielt sich positiv dazu.
In einer Ratsversammlung musste die fertige GE verteidigt werden. Dazu reiste Dr. Kästner an. Mit ihm ging ich am Tag vorher das Dokument durch. Wir übten Antworten auf zu erwartende Fragen und verteilten die Rollen.
Kästner hatte eine volle, markante Stimme. Hoch aufgerichtet, mit grauer Bürste und goldblitzender Brille in die Runde blickend sagte er vor dem hohen Gremium:
„Genossen des Rates, in Ihrer Stadt solch hervorragende Voraussetzungen für den Aufbau neuer attraktiver Verkaufseinrichtungen und eines neuen Betriebes zu

finden, ist ein Geschenk des Himmels!" -
Beim Essen im Ratskeller sagte er danach zu mir: „Verdammich, das ist mir so rausgerutscht." Ich erwiderte: „Weil's wahr ist." Wir stießen miteinander auf unseren gelungenen Auftritt an. Ich habe darüber nachgedacht, ob ihm ein Versprecher aus dem Unterbewusstsein widerfahren sein könnte. Wie kam er sonst auf den Himmel?

Im Ergebnis bestätigte der Rat den Bauplan in Jahresschritten, den Arbeitskräfteplan, den Plan der Arbeits- und Lebensbedingungen, darin 11 Neubauwohnungen, Plätze für die Kinderunterbringung und Garagenplätze.

Der Oberbürgermeister der Stadt Rostock, Dr. Henning Schleiff war ähnlicher Natur wie Kästner. Ein „Arbeiter vor dem Herrn", der sich und seine Ratsmitglieder nicht schonte. Ein schlanker mittelgroßer Mann mit vorzeitig weiß gewordenem Haar, graublauen scharfen Augen und schneidender Stimme. Höflich und interessiert hatte er mich schon vor der Ratsversammlung einmal angehört. Dabei bemerkte ich ein Lächeln, das dem meines Chefs ähnelte.
Ich dachte an Parzival: „Die halten mich für den ‚reinen, tumben Tor', der nicht weiß, worauf er sich eingelassen hat."

Ein weiterer wichtiger Mann für mich war der dienstälteste Bezirksdirektor der HO, Heinz Hasse. Wildner hatte ihn wohl gebeten, mich ein bisschen an die Hand zu nehmen. Dieser dicke und meist fröhliche Mann machte das ganz ausgezeichnet und offenbar gern.
Er sagte mir, wo ich anklopfen solle, wen ich einbezie-

hen müsse, wie dieser und jener zu nehmen sei. Er prüfte auch, „ob der Peter saufen kann" und war zufrieden.
Im Rathaus, in der Kreisleitung und in der Bezirksleitung der SED gewann ich die richtigen Leute in der zweiten Reihe für meine Sammlung Hilfswilliger.
Auch die äußerst wichtige Bezirks-Plankommission öffnete mir die Türen.

Von einem Schwesterbetrieb war auf Betreiben der Hauptdirektion der Genosse…, sagen wir Johannes Schulze, als künftiger Direktor für Ökonomie zu mir gestoßen. Er hatte schon Stellvertreter-Erfahrung und war Kaderreserve für einen Betriebsdirektor-Posten. Hochschulabsolvent, gelernter Großhändler, IFA-bekannt, war er für mich sehr wichtig, da ich selbst von der Branche zunächst wenig Ahnung hatte. Wir vereinbarten für die Aufbauphase des Betriebes eine Arbeitsteilung. Ich hatte mit der Investitions-Durchführung, mit der Kaderpolitik, mit der verflixten PKW-Versorgung und mit den „Außenbeziehungen" mehr als genug zu tun.
Schulze hatte die Handelsaufgaben mit Zweirädern, Ersatzteilen und Zubehör und die Betriebsplanung zu besorgen. Dazu verfügte er über gute Mitarbeiterinnen und Mitarbeiter, wie sich nach deren Einstellung glücklicherweise herausstellte. Ich schätzte Schulze sehr, sagte ihm das auch, zeichnete ihn im Verlaufe der Jahre mehrmals aus.
Als Direktor für Einzelhandel im neuen Betrieb war Karl Sellmann vorgesehen. Der leitete bisher die beste-

hende Filialgruppe. Auch er war ein Kenner der Verhältnisse und unterstützte mich rückhaltlos.
Karls Frau bürdete mir ein paar Jahre später auf, für ihren Mann die Grabrede zu halten.

Schon seit Juli '76 bearbeitete ich sehr viele Bewerbungen, da es sich herumgesprochen hatte, dass etwas Neues entstünde. In der Folge waren Kadergespräche zu führen. Ich lernte dabei viel über die Menschen.
Um einen Hauptbuchhalter zu bekommen, ging ich zum Direktor der Warnow-Werft und bat ihn um einen solchen Kader. Nach Arbeitskräften zu annoncieren war verboten und Abwerbung stand unter gesellschaftlicher Kritik. Der Werft-Direktor wollte helfen und so erschien bei mir eine Frau. Sie war sehr groß, mit männlichen Zügen und gewandet wie ein Oberförster. Ich zog Schulze hinzu. Nachdem die Frau gegangen war, sagte Schulze: „Mit der wirst du nichts zu lachen haben, aber die wird auf dein Geld aufpassen!"
Sie wurde vom Kombinat berufen.
Mit meiner Hauptbuchhalterin ging ich am 3. Januar 1977 zum Staatlichen Vertragsgericht und ließ den neuen Betrieb in das Handelsregister eintragen.

Nun fühlte ich mich vom Schicksal bevorzugt, weil ich in der DDR einen Betrieb gründen durfte, ohne irgendjemandem etwas wegnehmen zu müssen.

Die Hauptbuchhalterin fing bald an zu räsonieren, erklärte ihre Mitarbeiterinnen für blöd und meinte, die

Arbeit sei nicht zu schaffen, die Anforderungen und Vorgaben der Hauptdirektion seien unsinnig. Als ich sie zur Rede stellte, warum sie Unterlagen mit nach Hause nähme, was streng verboten war, fing sie an zu heulen, meldete sich krank und kündigte.

Eine ganz junge Frau, ihr Pseudonym sei Karla Bube, die unter ihr gelitten hatte, wurde nach einiger Zeit zum Hauptbuchhalter berufen und hat jahrelang zuverlässig gearbeitet. Eine weitere Frau holte ich bald in die erste Leitungsebene, Waltraut Mohrfeld. Beide waren intelligent, witzig, fleißig, schnell, ehrlich und nie krank. Und, – beide waren parteilos. Ihre Berufungen bekam ich im Kombinat durch.

Ich habe immer gern mit starken Frauen gearbeitet.

Die Betriebsgründung wurde mit geladenen Gästen gefeiert. Ich hielt eine programmatische Rede, Wildner redete aus dem Stegreif druckreif. Scholze strich hinter meinem Stuhl vorbei und flüsterte: „Mach' dir keine Sorgen."

Danach fuhr man im Konvoi, von einem Polizeifahrzeug mit Blaulicht angeführt, nach Warnemünde in das Hotel „Neptun" und feierte in der SKY-BAR.

Mit großem Abstand betrachtet, kann ich sagen, dass dem Vorhaben von allen einflussreichen Seiten nur guter Wille und Aufrichtigkeit beschert wurde. Erst im etablierten Betrieb haben Leute gegen mich geschürt. Zum Glück wusste ich das lange Zeit nicht.

Noch bis April 1977 unterschrieb ich mit „amtierender Betriebsdirektor". Dann wurde ich berufen. Am

Ende jeder Berufungsurkunde für Direktoren stand der Satz: „Im Falle der Abberufung ist diese Urkunde zurück zu geben." Ernüchternd. Im Grunde saß jeder Berufene ohne den üblichen Arbeitsvertrag auf einem Schleudersitz. Abgesichert war ein berufener Kader nur, sofern er sich im materiellen Sinne ehrlich verhielt und parteikonform arbeitete. Niemals hatte ich Bedenken, meinen Posten durch Leichtfertigkeit zu verlieren. Ich fürchtete nur Fehler im direkten Umgang mit Menschen, weil ich schnell und impulsiv war.

In der ersten Leitungssitzung legte fest ich, dass kein Leitungsmitglied, kein Abteilungsleiter, während der Bauphase, und die konnte dauern, eine Datsche bauen dürfe. Schon der Geruch der Begehrlichkeit nach Baumaterial sei absolut zu vermeiden. Alle hielten sich daran.

Bald erkannten die Leute um mich, dass ich mir immer etwas einfallen ließ. Ich favorisierte die, welche dabei mitmachten. So meinen Direktor für Technik, Walter Bürger. Der war jahrelang als Leitender Ingenieur zur See gefahren. Auf See und in fremden Häfen hatte er gelernt zu improvisieren und zu organisieren. Das bewies er uns allen. Für die Be- und Entlüftungsanlage des neuen Autohauses wurden zwei große Exhaustoren benötigt, die der Ausrüster aber nicht liefern konnte.

Ich besorgte beim Direktor des VEB Fischhandel eine Kiste frisch geräucherten Aales und schickte den Walter damit nach Sachsen zu dem Herstellerbetrieb. Walter kam mit einem Liefervertrag zurück.

Büromöbel für die neue Mannschaft zu bekommen, war

bei dem vorgeschriebenen Planungs-Prozedere auf die Schnelle gar nicht möglich.
Ich ging zu dem Direktor des Betriebes, der für die Ausrüstung der Deutsch-Sowjetischen Erdgastrasse „Drushba" zuständig war. Gegen einen neuen Dienstwagen aus der Reserve des Generaldirektors bekam ich, was wir brauchten, - sofort.

Immer noch wurde ich von einigen maßgeblichen Rostockern als Sachse mit Distanz betrachtet. Vor allem von denen, die „ihre" Lagerhallen räumen mussten. Scholze und Wildner wollten Abhilfe schaffen. Sie nahmen mich mit nach Leipzig, wo außerhalb der großen Messen alljährlich die Einkaufs- und Kommissionstage des Binnenhandels stattfanden. Unsere Branche war dort nicht vertreten. Ich wurde in die Fachgespräche einbezogen und mit überraschenden Fragen um meine Meinung gebeten. Dabei lobte ich auch die Attraktivität der DDR-Models.

Am Abend lud Wildner in „Auerbachs Keller". Es wurde gegessen und getrunken, die Stimmung stieg und plötzlich forderten zwei Damen, Gundula Vierling, Vorstand Handel des Konsumbezirksverbandes und Heidi Schüller, Direktorin des Centrum-Warenhauses, dass jeder etwas singen solle. Als die Reihe an mich kam, war ich ratlos, denn Liedchen, passend zu solchen Rundgesängen, fielen mir nicht ein. Alle zeigten mit dem Finger auf mich und sangen: „Er präpariert sich immer noch, immer noch, immer noch. Er..." und so weiter.
Ich schaute in das Tonnengewölbe, - und da war er,

der Gedankenblitz:
Ich stand auf, gebot mit ausgebreiteten Armen Ruhe, blickte alle fest an und sang:

„Es war einmal ein König,
der hatt' einen großen Floh,
den liebt er gar nicht wenig,
als wie seinen eignen Sohn...“

In diesem Keller lässt Goethe die Szene spielen, in der Mephisto das Lied vor Faust und den genarrten Studenten singt. - Beethoven vertonte es, Musorgski auch.
Mit aufgerissenen Augen folgten alle den drei Strophen und brüllten los, als ich fertig war.
„Wo hast du denn das gelernt?“
„Ach, - kann ich eben.“ Scholze hielt dicht.
Die vorsichtigen Niederdeutschen nahmen mich nun an.

Der Text über die irrsinnige Verehrung eines Schmarotzers, seine Ausstaffierung mit Kleidern und Orden, seine Narrenfreiheit, war und ist politisch. An diesem Abend wurde er jedoch nicht analysiert. – Scholze ließ sich vor der Abfahrt der Dienstwagenflotte nach Rostock gegen Morgen herbei, mir zu zuraunen: „Ich hab' dich erkannt, im Grunde bist du ein kleiner Bourgeois. Bleibt aber unter uns!“ Dazu schlug er mir kräftig auf den Rücken und lachte. Ich hatte das Gefühl, dass diesem Lachen nichts Hinterhältiges anhaftete. Und so war es auch. Eigentlich wäre „Bourgeois“ eine Beleidigung gewesen. Aber ich dachte nicht, dass er es im Sinne unserer Ideologie gemeint hatte. Ich war für ihn wohl der Seiteneinsteiger mit einer etwas eigenwilligen Art und – mit spätem Parteieintritt.

Dr. Kästner sagte sich an. Ich überredete ihn, seine Gattin mitzubringen und zwei Tage Urlaub zu machen. Dazu brachte ich das Ehepaar im Gästehaus des OB in Warnemünde unter.
In meinem Büro kritisierte Kästner: „Wenn ich wiederkomme, ist dein Schreibtisch leer!"
Ich erklärte, dass ich nicht nur genug Arbeit mit dem Tagesgeschäft hätte, ich müsste schließlich auch meine Kenntnisse im IFA-Fachhandel vermehren.
Darauf Kästner: „Der General muss nicht der beste Scharfschütze sein. Er muss seine Truppen in Raum und Zeit richtig anordnen und befehligen können."
Für den Abend lud mich der Chef in sein Quartier ein. Wir aßen zu dritt. Frau Kästner war eine angenehme Frau. Sie schien ausschließlich für ihren Mann da zu sein. Es war bekannt, dass sie ihm seine Brote und das Obst gabelgerecht mitgab, damit er beim Frühstück die Arbeit nicht zu unterbrechen brauchte.
Bei einer Flasche Wein unterhielten wir uns angeregt. Der Chef erzählte, wie er zu IFA gekommen war. Er hatte zuletzt das Schraubenkombinat ESKA in Karl-Marx-Stadt geleitet und groß gemacht. Man rief ihn unvermittelt nach Berlin in das Zentralkomitee der SED und eröffnete ihm, dass er den IFA-Handel übernehmen müsse. „So", hätte der maßgebliche Genosse gesagt, „jetzt hast du 10 Minuten Zeit zum Überlegen, wenn du wieder reinkommst, wollen wir hören, dass du das machst". Als er sich in sein Schicksal fügte, sagte man zynisch: „Jetzt hast du einen Sauladen übernommen."

Ich wusste bereits, mit welchem Einsatz Kästner kämpfte. Man erzählte, dass er mit Büroschluss nach Hause ging, etwas schlief und danach bis Mitternacht arbeitete. Er ordnete das System der Leitung und Lenkung der Prozesse mit Erfolg völlig neu.
Mit der Wehrmacht des „dritten Reiches" war er als Offizier in die Sowjetunion einmarschiert, geriet in die Gefangenschaft und trat dort in das „Nationalkomitee Freies Deutschland" ein. Er wollte mit vielen aufrechten Deutschen aller Couleur, dass der furchtbare Krieg beendet würde. Zurückgekehrt, erhielt er in Chemnitz vom sowjetischen Kommandanten 1945 den Befehl, die Kohleversorgung für die Bevölkerung zu organisieren. Er erzählte, wie er die Transporteure und Händler dazu brachte, keine Kohle mehr zu verschieben. Er hat seine Jacke zurück geschlagen, damit sie seine Waffe sehen konnten.

Dann kam man auf den neuen Generalsekretär des ZK der SED, Honecker zu sprechen. Kästner bezeichnete ihn mit einem volkstümlichen Ausdruck aus der Gattung der Paarhufer. Sicher sei er früher ein antifaschistischer Kämpfer gewesen, aber die Sache jetzt sei einige Nummern zu groß für ihn. In Kästners Büro bei ESKA habe er vor Angst geschwitzt, weil er, damals noch FDJ-Generalsekretär, zu der Belegschaft sprechen sollte. Man habe ihm Zahlen und Fakten zum Schraubenkombinat aufgeschrieben, er habe sich trotzdem verhaspelt und im Übrigen Phrasen gedroschen. Ich dachte erst, nicht richtig gehört zu haben. Kästner muss sehr viel Vertrauen zu mir gehabt haben, das war im

Sommer 1977! Und offenbar war der Raum nicht verwanzt, musste ich später einmal denken.

Am Ende des Abends fasste Kästner meine Hand und sagte: „Du wirst dich einsam fühlen, aber damit müssen wir leben. Pass auf dich auf, sei nicht zu offen. Halte dich an mich.“ Leider ging er nach einem weiteren Jahr in Rente und starb überraschend.

Zur Feier der Betriebsgründung hatte Rainer Schmiedel, Stellvertreter Kästners, feixend beim Umtrunk zu mir gesagt: „Peter, Betriebsdirektor werden ist eine Sache, sich zu halten ist die andere.“ Ich nahm das sportlich, denn ich kannte den Satz: „Der Unterschied zwischen bloßem Glück und Tüchtigkeit liegt in der Dauer.“

Slalom
Menschenführung
Druck

Die Arbeit, die ich meinen Mitarbeitern und mir aufgeladen hatte, war immens. Bauen und Handel treiben zu gleicher Zeit, das Ganze im Auge zu haben und den Blick für das Detail nicht zu verlieren, war nicht leicht. Aber ich empfand alles als positiven Stress. Ständig machte ich mir Notizen, um keinen Gedanken zu verlieren.

Nicht leicht war die Aufgabe vor allem wegen der Zustände in der Wirtschaft, in der Planwirtschaft. Man konnte keine Ausschreibung machen und das beste Angebot auswählen.

Alle Bau- und Ausrüstungsleistungen wurden von Planungsorganen als „Kennziffern" objektgebunden, gebunden an Leistungsnehmer und Leistenden nach langen stufenweisen Genehmigungs- und Planungsprozeduren ausgereicht.

Oder nicht!

Es ist wahrscheinlich, dass ich die Vorbereitungs- und die Aufbauphase des Betriebes nur bewältigt habe, weil ich nicht links und rechts schaute.

Die sogenannte ***Bilanzordnung***, die „Bibel" der Planung von Aufkommen und Verwendung jeglicher Erzeugnis-

se und Leistungen, habe ich ignoriert.
Hätte ich von vorn herein auf alle Barrieren geachtet, die in dem Geflecht der Planungsebenen und Planungsorgane aufgebaut waren, wäre vielleicht auch mir der Mut gesunken.

Ich musste es zur Kenntnis nehmen, wenn diese oder jene *materielle Kennziffer* nicht zur Verfügung stand. Aber sofort suchte ich Wege und Menschen, um Reserven aus den Ecken zu kratzen. Ich hatte Mitstreiter, die sich meine Maxime: „Es gibt immer einen Weg!" zu Eigen machten, wie der erwähnte Walter Bürger und mein Stellvertreter Schulze. Aber es gab auch solche, die sich hinter den Gesetzen verstecken wollten und meinten, dass ES nicht ginge. Wie es doch ging, machte ich immer wieder vor:
Der Baubetrieb konnte eine bestimmte Stahlbauleistung nicht erfüllen. Ich erkundigte mich über den Direktor der Neptunwerft und erfuhr, dass das Genosse Rehmer ein Hobby-Ornithologe sei. Vor allem aber verfügte er über Stahlbau ohne Ende.
Der freundliche und kompetente Mann empfing mich Zugezogenen und bezeugte Respekt vor der Aufgabe. - Möwen kreischten vor den Fenstern. Ich sinnierte laut, am Kaffee nippend, über die unterschiedlichen Farben und Größen der Vögel. Rehmer klärte mich auf. Im weiteren Verlauf erkundigte ich mich nach der Population der Schwarzstörche in den Wäldern Mecklenburgs und berührte damit ein Lieblingsthema des Naturschützers. Kurz und gut, die Werft konnte mit Stahlbaukapazität helfen.

Ich machte nichts Ungesetzliches, nutzte Lücken, Überplanbestände und freie Kapazitäten aus.
Einmal sagte ein Staatsangestellter in meiner Gegenwart: „Das sind Leute, die die Volkswirtschaft durcheinander bringen." Derselbe Mann sah nicht, welche Ressourcen ungenutzt lagen, oder wie viel Volkseigentum allein auf Baustellen vergammelte.

Die beschwerlichen Reisen zwischen Rostock und Karl-Marx-Stadt zur Familie hatten im Januar 1977 ein Ende. Wir bekamen eine Wohnung im 11. Stock eines riesigen Neubaublocks in Evershagen. Im Haus mit der Sonne am Giebel. - Elfi fand schnell Arbeit. Sie leitete die Arbeiterversorgung auf der „Großbaustelle Jugendmode", die sie zu Fuß schnell erreichen konnte. Susanne machte im Kindergarten schlimme Erfahrungen, weil die Kinder meinten, sie könne gar nicht richtig sprechen. Sie akzeptierten Sächsisch nicht als Sprache. Ganz schnell passte sich das Kind an. Thomas hatte in seiner Klasse der Oberschule sofort einen bisher einsamen Sachsen zum Freund.

Aus einer Gruppe Menschen die sich fast alle nicht kannten, ich sie auch nicht, musste nun ein Leitungskollektiv formiert werden. Ich konnte integrieren, aber meine Ungeduld verleitete mich zu Fehlern. Ich brüllte mitunter. Mit endlosen Sitzungen überforderte ich meine Leute physisch.
Als ich mich methodisch ein bisschen festgefahren hatte, mietete ich ein Gesellschaftszimmer, wo wir unge-

stört sein konnten. Ich lud alle Leitungsmitglieder dorthin ein, um quasi von außen her die Arbeit aller, auch die meine, zu betrachten, zu kritisieren und gemeinsam Regeln aufzustellen. Das gelang und brachte mir dicke Punkte ein. Ich habe mir keine Blöße gegeben, wenn ich sagte, dass ich meinen Stil noch suchte. Ich bekannte, dass ich vorher eher Einzelkämpfer war.

Heilsam war für mich, als Wolfgang Klipstein, den ich als Direktor Ökonomie zu mir nach Rostock holte, einmal sagte: „Wer brüllt, weiß nicht weiter." So war es ja nicht. Ich wusste immer weiter, hatte stets ein Konzept, aber wurde zornig, wenn andere nicht gleich kapierten, wenn sie nicht machten, was gemeinsam beschlossen war, oder wenn sie mich nicht richtig informierten.

Einsichtig und vielleicht auch reuig stellte ich das Brüllen ein.

Trotzdem gab es Menschen im Betrieb, die vor mir Angst hatten. Ich merkte das nicht in jedem Falle, es wurde mir gesteckt. Ich verstand es auch nicht. Leute, die ihre Arbeit engagiert machten, egal welche, konnten mit mir zwanglos umgehen.

Ich war zugleich harmoniebedürftig und konsequent, zuweilen aber unerbittlich.

Festlegungen führte ich grundsätzlich im Leitungskollektiv oder mit den zuständigen Leuten herbei. Ich täuschte mich jedoch hin und wieder darüber, ob denn tatsächlich die Meinung der oder des Anderen in die Entscheidung eingeflossen war, nämlich dann, wenn meiner Argumentation nichts Stichhaltiges entgegen gestanden hatte. Ich bereitete mich sonntags nachmit-

tags auf die Montags-Sitzungen vor und hatte die Tagesordnungspunkte durchdacht.
Mein Stellvertreter Schulze und Wolfgang Klipstein hatten die gleiche Arbeitsweise und Einstellung. Insgesamt scharte sich eine leistungsbereite Mannschaft um mich.

Zu denen, die mehr leisten, kreativer sein sollten sagte ich: „Du musst alle Antennen immer draußen haben und sie in die richtige Richtung schwenken." Aber nicht alle Menschen sind mit gleich vielen Antennen ausgerüstet.

Es zog mich in den Betrieb, wie es einen Mann zur Modelleisenbahn, zum Motorrad oder zum neuen Auto zieht. An einem Sonntag, vormittags, kontrollierte ich das teilweise offene Betriebsgelände. In einer Halle war Licht. Der Betriebsmaler Timm, ein großer Bastler, machte ungenehmigte Privatarbeiten und ließ sich sogar von seinem Schwiegervater, also einem Betriebsfremden, assistieren. Ich nahm ihnen den Schlüssel ab und jagte sie vom Hof. Der Maler machte künftig schon von weitem kehrt, wenn er den Direktor bemerkte.

Meine Rundgänge waren sowohl bei Mitarbeitern, als auch bei den Bauleuten und Ausrüstern gefürchtet. Ich studierte die Zeichnungen und verglich haarscharf die Umsetzung am Bau. Diese Gänge machte ich manchmal spontan, um mich vom Schreibtisch weg, ein bisschen zu bewegen und frische Luft zu genießen. Meine Potsdamer Atemübungen behielt ich bei.
Nach und nach gewöhnte ich mir aber ab, alles gleich an

Ort und Stelle zu bemängeln. Ich zwang die Zuständigen in ihre Verantwortung und unternahm mit ihnen gemeinsam Kontrollgänge. Auch als die Baumaßnahmen beendet waren, behielt ich diese Form der Kontrolle bei. Viel Geld war für Grünanlagen ausgegeben worden. Für ihre ständige Pflege zu sorgen, war ein Steckenpferd von mir. Der Betrieb erhielt den Titel „Schöner Betrieb der Stadt Rostock“.
Klipstein kopierte die Urkunde, bearbeitete die Kopie und überreichte sie mir mit dem eingefügten Titel „Schönster Betriebsdirektor der Stadt Rostock“.
Ich sagte: „Du Hund!“

Wenn nach der Wende von den „maroden VEB“ gesprochen wurde, brauchten sich die Rostocker IFA-Leute nicht angesprochen fühlen.

Zur Frühstückszeit betrat ich die Werkstatt unserer eigenen Handwerkerbrigade, wo zwei Maler, ein Elektriker, ein Schlosser und ein Maurer mit dem Hauptmechaniker saßen. Auf einer Werkbank standen, sauber aufgereiht, weiße Gipsfiguren. Es handelte sich um kleine Ärsche mit Ohren. - Aktuell war der Witz von dem Unfallopfer, welches mit dieser Ausstattung, dank des genialen Chirurgen Direktor wurde. - Ich wünschte guten Appetit, nahm eine Figur, strich sanft über die schöne glatte Oberfläche und fragte wer die Dingerchen gemacht hätte. Timm sagte mit hochrotem Gesicht: „Ich.“
Die Stimmung war gedrückt.
„Ja, sehr hübsch, könnten Sie mir sieben Stück verkau-

fen?" fragte ich.
„Wieso gerade sieben?", interessierte sich der Hauptmechaniker.
„Weil ich sieben Amtsbrüder in der Republik habe."
Die Männer lachten laut, - und befreit. Timm grüßte wieder freundlich.
Ich erfuhr, dass Timm für seine Tochter keine passende Lehrstelle finden konnte. Ich besorgte eine. Das Mädchen konnte Näherin werden. In der Adventszeit meldete sich Timm mit seiner Frau an, beide bedankten sich und schenkten mir einen selbst gedrechselten Nussknacker.
Es sprach sich bald herum, dass jeder mit seinen Sorgen zu mir kommen konnte.
Eine Mitarbeiterin fand es wunderbar, wenn man mit einer dienstlichen Frage käme und ich entscheiden würde. Das machte mich nun wieder stutzig. Wenn das Schule machte, würden sie bald die Arbeit zurück delegieren.

Bei einem Arzt habe ich einmal den gerahmten Spruch gelesen: *Nichts Menschliches ist mir fremd.* Erst bei der Lektüre Ciceros entdeckte ich, dass das von dem stammte. So absolut will ich das von mir natürlich nicht behaupten. Aber ich habe im Betrieb, dessen Mitarbeiter ich mit Namen kannte, allerhand zu hören bekommen. Eheprobleme, Scheidung, Krankheiten, Sorgen mit Jugendlichen, physische und psychische Erschöpfung, Alkoholismus und so weiter musste ich wahrnehmen, wie jeder in solcher Position, wenn er sich zur Ansprechperson macht.

Eine Frau saß vor mir und schaute mich stumm an. Endlich fuhr es aus ihr heraus: „Ich kann nicht mehr schlafen. Überhaupt nicht." Ihr konnte vom richtigen Arzt geholfen werden. Sie fiel allerdings für sechs Monate aus.

Eine leitende parteilose Mitarbeiterin kam zu mir und klagte über ihre Belastungen, die nicht nur beruflicher Art waren. Sie möchte aber andererseits mit niemandem darüber reden.
Die schöne junge Frau tat mir leid. Was riet ich ihr?
Ich fragte, ob sie denn als kleines Mädchen gebetet hätte? Wenn ja, möge sie beten.
Das hatte sie wohl von dem Genossen nicht erwartet.
Ich erklärte ihr, dass beim Beten Klarheit im Kopf entstünde. Weil man sich quasi an eine Person wende, müsse man seine Gedanken so klar wie möglich formulieren. Und dabei würden sich oft Lösungen für die Probleme auftun. Gründe würden besser erkennbar, vor allem jene, die in einem selbst unerkannt liegen. Hoffnung würde keimen und neuer Mut entstünde. Beten wäre geistige Hygiene, wie Meditation, aber diese Technik müsse man lernen.
Ob die Frau nach meinem höchst individuellen Rat gehandelt hat, weiß ich nicht. Ich fühlte mich nach dem Gespräch gut.

Wie ich richtig leiten sollte, beschäftigte mich ständig. Ich war ja nicht auf eine solche Stelle vorbereitet worden. Die Versuch-Irrtum-Methode empfiehlt sich nicht. Ratio und Gefühl, Lob und Tadel, Intuition und Wissen,

Kontrolle und Vertrauen, vormachen und delegieren; wer findet immer das richtige Maß zum richtigen Zeitpunkt?
„Manager“ war in der DDR ein Schimpfwort, zumindest war die Bezeichnung negativ zu verstehen. Wenn über jemanden gesagt wurde: „Der geht um wie ein Manager.“, dann war zu befürchten, dass er bald auch „ideologisch schief“ lag und Probleme mit der Partei bekam. Aber wie war das mit dem „Sozialistischen Leiter“? Der studierte "Marxistisch-leninistische Leitungs- und Organisations-Wissenschaft“, MLO. Sie hing natürlich am Zügel der Partei. In der DDR wurden die allgemeinen Anforderungen an Leitung und Lenkung aus der Lehre von Marx, Engels und Lenin hergeleitet und hatten absoluten Bestand. Es gab auch Korrekturen. Die sogenannte Systemtheorie, unter der alle nur noch Kästchen malten und tolle Schaubilder sämtliche Prozesse und Regelkreise darstellten, wurde schlagartig ihrer überbetonten Wichtigkeit beraubt, weil sie wohl das Denken zu sehr formalisierte. Man freute sich, verwickelte Strukturen und Vorgänge komplett oder plausibel auf Papier dargestellt zu haben. In der Wirklichkeit aber lief Vieles ganz anders ab. - Phraseologie und Praxisferne in der Ausbildung beklagten jene Leiter, die junge Kader suchten. Viele Absolventen der Wirtschaftswissenschaften konnten keinen ordentlichen Geschäftsbrief schreiben, wenn sie ihre erste Stelle antraten. Rüstzeug für die wirtschaftliche Praxis eigneten sich die Kader in der Praxis, auf Lehrgängen ihrer Ministerien, Kombinate und in postgradualen Seminaren an.

In psychologischer Sicht ging die Partei von einem idealisierten Menschenbild aus. Der Mensch wurde in der sozialistischen Gesellschaft erzogen, er hatte sich als sozialistischer Eigentümer an den Produktionsmitteln zu betrachten, also war alles Abweichende im tatsächlichen Verhalten „dem Sozialismus wesensfremd“. Diese Vereinfachung, diese Selbsttäuschung oder diese Verlogenheit war eine von vielen Ursachen für das Nichtfunktionieren des Systems.

Es war schwer möglich, einen einfachen Werktätigen nach wirkungslosen Disziplinarmaßnahmen zu entlassen. Die Abteilung Arbeit beim zuständigen Rat der Stadt konnte die sofortige Wiedereinstellung verfügen. Die Erklärung dafür war, dass die Leitung und das Arbeitskollektiv sich dieses Menschen nicht richtig angenommen hätten. Dadurch fehlte der Druck, der manchmal sein muss, damit dieser oder jener seinen inneren Schweinehund überwindet. Den Arbeitsplatz schon wegen lascher Arbeitseinstellung zu verlieren, brauchte keiner zu befürchten. Und so gab es Leute, die es sich auf dem „warmen Dung des Sozialismus“ gemütlich machten. Dieses Wort habe ich in einem politischen Vortrag gehört, der aber auch nichts änderte.

In einem Fall überraschte mich ein Frauenkollektiv unseres Großhandels. Sie verwalteten das Geld eines allein stehenden alkoholkranken Kollegen und bestimmten, wie viel er pro Woche zum Verzehr bekam, wann er sich eine neue Hose oder Jacke kaufen sollte. Er wollte das auch so. Eine Zeit lang hatten sie Erfolg.

Am Standort der Betriebsleitung, auf dem ehemaligen Messegelände wurden nacheinander eine Kaufhalle für Ersatzteile, Zubehör, motorisierte Zweiräder und Fahrräder, sowie das Autohaus mit der Verkaufshalle und einer Vorbereitungs- und Reparaturhalle eröffnet. Die Grundfläche der Hallen betrug jeweils 700 m^2. Wir verbanden sie durch schöne Zwischenbauten für Büros und Sozialräume. Frauen-Ruheräume waren staatlich vorgeschrieben. In vorhandenen, renovierten Gebäuden kamen die Direktionsbereiche Leitung, Ökonomie, Versorgung, Buchhaltung und Technik anständig unter. Der Großhandel mit Zubehör und Zweirädern war an einem anderen, nicht so komfortablen Standort untergebracht. Im Autohaus wurden täglich zwischen 30 und 40 Autos ausgeliefert. Ganze Familien reisten aus dem Bezirk an, um den großen Moment nach vielen Jahren Wartezeit zu erleben. Und sie reisten zum Teil über hundert Kilometer! In einem Kunden-Café konnte man warten und etwas verzehren. Das Fahrzeug wurde gleich polizeilich zugelassen. Da nur ½ Liter Kraftstoff im Tank war, brachten manche einen gefüllten Kanister mit. Ich gründete mit dem VEB Minol ein überbetriebliches Neuererkollektiv und der IFA-Vertrieb Rostock hatte als erster eine eigene Tankstelle, wo der Kunde sein neues Auto sofort betanken konnte.

Im Bezirk unterhielt der Betrieb 17 Einzelhandelsgeschäfte für Fahrzeugteile, Fahrräder, motorisierte Zweiräder und Zubehör, insgesamt zigtausende Artikel. Der Betrieb wuchs bis auf 350 Mitarbeiterinnen und Mitarbeiter, der Jahresumsatz lag bei 350 Millionen Mark.

Der Frauenanteil betrug 60%.
Ich legte größten Wert auf die Motivation der Belegschaft. Der Handel war allgemein nicht für sehr viel Freundlichkeit bekannt. Wir machten diese kostenfreie Eigenschaft zum Prinzip und Beurteilungskriterium.
Das Auszeichnungswesen durfte bei uns nicht formal und turnusmäßig abgearbeitet werden. Ich ließ ein in IFA-blaues Kalbsleder gebundenes Ehrenbuch anfertigen, worin die Besten mit einer kalligraphisch gestalteten Urkunde eingetragen wurden. Stets bewegte es mich, zu sehen, wie aufgeregt und gerührt die Geehrten waren, wenn sie sich zur Unterschrift setzten.
Furore machten die Betriebsfeste. Sie wurden vom Festkomitee mit Akribie vorbereitet. Die Belegschaft samt Partnern wurde im Herbst oder Frühjahr in einem Gewerkschafts-Ferienheim an der See untergebracht. Ich prüfte persönlich, ob Küche und Tanzkapelle den Anforderungen entsprachen. Man feierte samstags in festlicher Kleidung. An jedem Gedeck lag die gedruckte Menükarte. Ausgelassen tanzten wir, aber nie gab es Betrunkene oder Dissonanzen bei diesen Festen. Auch noch das Sonntagsfrühstück nahmen wir bei Live-Musik gemeinsam ein. Der Betrieb hatte immer einen gut gefüllten Kultur- und Sozialfonds, wie desgleichen einen Prämienfonds, weil die Pläne erfüllt und die Kosten gesenkt wurden.

Gern scherzte ich mit den Frauen, aber immer ohne Anzüglichkeiten. Ich liebte meine Arbeit zu sehr, um sie durch irgendwelche Geschichten zu gefährden, oder meinen Ruf aufs Spiel zu setzen.

Bei Einflüssen von außen auf das Betriebsgeschehen funktionierte ich kühl, rational. Aber ich konnte Gefühle mitunter schlecht unterdrücken wenn ich reden musste, weil besondere Leistungen von Menschen, die Eröffnung eines neuen Objektes, der erfolgreiche Abschluss eines wichtigen und schweren Arbeitsabschnittes zu feiern waren.

Übrigens, meine Reden diktierte ich der Sekretärin, nahm Änderungen handschriftlich vor und hob sie alle auf. Zu einem Vertrauten sagte ich einmal, ich wolle damit im Zweifel beweisen, dass ich kein Stalinist gewesen bin. War da eine leise Ahnung im Hinterkopf über gesellschaftliche Veränderungen in der Zukunft?

Noch zwei Beispiele, wie ich personelle Dinge regelte: Ein Abteilungsleiter, dem ein Auge fehlte, fuhr mit seinem Privat-PKW bei Dunkelheit in einem Waldstück in eine Gruppe Soldaten. Dabei wurde ein Mann lebenslang geschädigt. Weil Restalkohol festgestellt wurde, bekam der Mitarbeiter zwei Jahre Gefängnis. Ich besuchte ihn dort. Nach einem Jahr begab ich mich zum Staatsanwalt und bat ihn, etwas für die vorzeitige Freilassung zu tun. – Das gelang. Der Gefängnisdirektor sagte zu mir, dass er seinen besten Mann verliere, der die Arbeitseinsätze der Häftlinge befehligen könne. Der Arbeitsplatz im Betrieb war dem Manne aufgehoben worden.

Mit dem Leiter des Autohauses, dem ich nicht über den Weg traute, verfuhr ich anders. Ich misstraute dessen Zahlen. An einem Samstag war statt Verkaufs ein Sondereinsatz geplant, um eine große Zahl fabrikneuer

Trabbis verkaufsfertig zu machen. (Die PKW kamen unkontinuierlich mit ganzen Güterzügen an. Das waren dann bis zu 400 Fahrzeuge!) Ich bereitete mit der Hauptbuchhalterin und dem Inventurbeauftragten konspirativ eine Blitzinventur vor. Dazu vergatterte ich die beiden extra scharf. Zu Arbeitsbeginn verkündete ich, was zu tun war, verbot jede Art von Warenbewegung, ließ alle Belege sichern und teilte die Zähler ein. Der Leiter verfärbte sich. Es wurde eine sehr hohe Minusdifferenz festgestellt, die ihren Ursprung noch vor meiner Zeit hatte. Ich meldete das dem Generaldirektor und zeigte den Mann weisungsgemäß bei der Staatsanwaltschaft an. Man hatte versteckte Belege gefunden, die als Beweise für vorsätzliches Handeln gelten konnten.

Der Leiter war ein großer fülliger Kerl, Mitte Vierzig mit einem Feldwebelton. Mich Neuen aus Sachsen behandelte er immer mit einiger Geringschätzung, was er zum Ausdruck brachte, indem er, wenn ich etwas sagte, die Lippen spitzte und die Mundwinkel zucken ließ, als sei das alles für ihn unbedeutend und lächerlich. Nach Aufdeckung des Fehlbetrages sagte er zu einigen der alten Mitarbeiter, man würde ja „sehen, wer gewinnt“. Die einflussreichen Leute in der Partei und den Verwaltungen, auf die er wahrscheinlich setzte, ließen ihn aber sofort fallen. Die betriebliche Konfliktkommission billigte, dass ich den Mann fristlos entließ. Dass die Justiz sich mit der Sache sehr viel Zeit ließ und dem alteingesessenen Genossen am Ende nicht viel geschah, kümmerte mich nicht. Ich hatte den Laden sauber.

„Warum war der Leitungsstil in der DDR vorwiegend autoritär?“, wurde ich einmal gefragt. Ich denke darum: Die gesamte Volkswirtschaft wurde durch das vertikale Weiterreichen von Befehlen geleitet. Die Staatlichen Planauflagen waren nichts anderes und deren Umsetzung wurde häufig von sachbezogenen Anordnungen oder gar „Weisungen“ begleitet. Der Direktor musste nach dem Prinzip der Einzelverantwortung arbeiten und stand von oben, von unten und von allen Seiten ständig unter Kontrolle. Fehler der anderen konnte er daher nicht in jedem Falle auf sich nehmen, wenn er nicht selbst scheitern wollte. Man sagte, es gäbe Direktoren von eingefahrenen Betrieben, deren ganze Tätigkeit nur noch aus Kontrolle bestünde, um vor den anderen Kontrolleuren zu bestehen. Außen- und Innenrevision, Parteikontrollkommissionen (PKK) der Bezirke, Städte und Kreise, Arbeiter- und Bauerninspektion (ABI) derselben Ebenen, waren ständig an irgendetwas interessiert. Oft geriet die Kontrolle ins Absurde, wie in dieser Sache:

Weil der Standort am Rande der Stadt lag, beschwerten sich die Mitarbeiterinnen der IFA-Kaufhalle bei mir, dass sie abends oft vor leeren Theken stünden, wenn sie Fleisch einkaufen wollten.

Ich arrangierte mit einem HO-Direktor, dass die Frauen über ein Bestellsystem, für welches Regeln festgelegt wurden, ihre Einkäufe erledigen konnten.

Unangekündigt erschien der Vorsitzende der ABI Stadt, Genosse Kustode, bei mir. Der Parteisekretär und der Gewerkschaftsvorsitzende wurden hinzu gezogen. Kustode monierte das Verfahren mit den Fleischeinkäufen und blätterte in dem Bestellbuch. Ich schaute auf die Uhr und wippte in lässiger Haltung mit dem Fuß. Weil der Mann immer noch blätterte, sagte ich: „Was du suchst, weiß ich nicht, aber unsere Namen wirst du darin nicht finden. Wir haben diese Erleichterung nur für unsere Frauen eingeführt. Und dabei bleibt es, bis du vielleicht dafür gesorgt hast, dass vor unserem Betriebsgelände die Bus-Linie wieder funktioniert!" Als Kustode verschwunden war, vollführte ich mit geballter Faust einen Haken und rief: „Bumm." Das tat ich immer bei Treffern.

Als Treffer feierte ich selbstverständlich, wenn meine Buchhaltung bei der jährlichen Bilanzprüfung im Kombinat jedes Mal die höchste Punktzahl errang. Dann ging ich mit meinen „Pfennigfuchsern" in Karl-Marx-Stadt aus oder führte sie zum Beispiel in Bachs „Bauernkantate", zum nachhaltigen Erstaunen dieser Menschen. – Da fällt mir ein, dass der fröhliche Leiter Rechnungsführung und Statistik in der Buchhaltung nicht nur parteilos, sondern auch noch Prediger einer freikirchlichen Gemeinde war. Waldi Krüger hieß er. Wir verstanden uns gut. Er „missionierte" nicht und wir ließen ihn in Ruhe; er lieferte gute Arbeit ab.

Bei meinem Vorgesetzten gab es einen Menschen, der in der Kaderleitung organisatorische Dinge besorgte. Aus alter Zeit hatte er einen Draht zu einem Informanten aus meinem Betrieb. Um 1980 herum, jedenfalls im Sommer, hatte er den dreitägigen Besuch der acht IFA-Direktoren in den Škoda-Werken Mlada Boleslaw vorzubereiten. Zu dieser Zeit brauchte man für die damalige ČSSR einen Reisepass. Mich rief der gute Mann zwei Tage vorher an: „Hast du einen Reisepass?"
„Wofür?"
„Na für die Dienstreise in die Tschechei."
„Ich weiß von keiner Reise und einen gültigen Pass habe ich nicht. Wann soll's denn losgehen?"
„Na übermorgen. Da wird mit dir wohl nichts mehr."
„Selbstverständlich wird das was!"
„Haha, bei den Anmeldezeiten?"
Ich beschwerte mich nicht bei meinem Vorgesetzten über den Kollegen sondern rief den zuständigen Offizier für *Pass- und Meldewesen* beim Volkspolizei-Kreisamt an. Er stammte aus Koserow, kannte mich noch als Fleischergesellen und war ein Schulkamerad Elfis. Am nächsten Tag hatte ich meinen Pass. Zeit und Treffpunkt für die Abfahrt erfuhr ich von der Sekretärin. Als wir uns trafen, stand der kleine Intrigant mit einer Liste auf dem Hof. Ich schickte meinen Fahrer zu ihm, er könne mich jetzt dazu schreiben. Warum erzähle ich diese kleine Sauerei? Weil es vorgesehen war, dass ich auf dieser Reise meinen Freund Jan Šimané gewinnen sollte. Der Diplomat war in der handelspolitischen Abteilung der ČSSR-Botschaft in Berlin tätig und hatte

uns nun in seinem Lande zu betreuen. Er kennt die Namen meiner Kollegen von damals schon lange nicht mehr, aber uns beide sehr gut. Sein Enkel Jiři, Student in Prag, machte gerade ein von mir beschafftes Elektronik-Praktikum in Radeberg. Für ihn ist unsere alte Freundschaft zu Oma und Opa so geläufig, dass er neulich erst einmal fragte, wie wir uns denn kennengelernt hätten. Jan und Milena sprechen sehr gut Deutsch, mit diesem hübschen Akzent natürlich. Sie sind jetzt 89 und 88 Jahre alt. Böhmischer Humor und geschliffener Umgang sind ihnen heute noch eigen. Wie gesagt, ein Gewinn! – Auch für meinen Betrieb war es das damals, denn Jan fuhr mit mir und Klipstein ins Riesengebirge zu den Gummiwerken Nachod. Mit diesem Betrieb regelten wir vertraglich den Austausch von Urlaubsplätzen für die Belegschaften. Die Gummiwerker fuhren im Sommer an die Ostsee, die Rostocker IFA-Leute genossen Winterurlaub im Riesengebirge, trotz Trickser!

Eine ganz große Bedeutung hatte in der DDR der Gesundheits-, Arbeits- und Brandschutz, GAB. Wenn bei Unfall oder Brand „der Mensch im Mittelpunkt" und / oder das Volkseigentum geschädigt waren, bekam das Ganze bei dem Nachweis einer Schuld strafrechtlich gesehen politische Dimensionen. Hauptamtliche Inspektoren hatten in ihren Betrieben für die Durchsetzung der gesetzlichen Vorschriften zu sorgen. Technische Sicherheit, Sicherheitstechnik, vorbeugender Brandschutz, verwoben mit der Zivilverteidigung, Schulungen, Übungen, Kontrollen, mussten ständig in den Arbeitsplänen vorgegeben und abgerechnet werden. Die Gesamtverantwortung trug der Direktor. Und wieder kontrollierte man von innen und außen, wobei in solchen Betrieben mit hoher Wertkonzentration Polizei und Feuerwehr groß angelegte Komplexkontrollen durchführten. Die Berufsfeuerwehr war Abteilung der Volkspolizei. Mit pikantem Beigeschmack wurde daher besprochen, dass ausgerechnet im Dachgeschoß der SED-Kreisleitung Rostock bei Umbauarbeiten ein Schweißbrand ausgebrochen war.

Mit der Betriebsärztin beriet ich regelmäßig akute Probleme und prophylaktische Maßnahmen. Also nahm ich sofort die Gelegenheit wahr, das Rauchen im Betrieb zu verbieten, als der Minister Kleiber dazu eine Richtlinie für seinen Verantwortungsbereich erließ. In Arbeitsräumen, wo unfreiwilliges Mitrauchen unvermeidlich war, in allen Räumen, wo Kunden verkehrten und in allen betrieblichen Versammlungen durfte nicht mehr geraucht werden.

Zu Betriebssportfesten verbot ich Fußball, weil bekannt war, dass in den Betrieben nach solchen Veranstaltungen der Krankenstand stieg, wenn die ungeübten Männer sich vor den Frauen als leider verhinderte Profis produzieren wollten. ***Krankenstand*** war eine der wichtigsten Kontrollkennziffern. Ich glaube 8 % war die Schmerzgrenze.

Die Betriebsgewerkschaftsleitung BGL überraschte ich mit solchen Entscheidungen erst kurz vor ihrer Verkündung.

Dass sich einige auf spitzbübische Weise an mir gerächt haben, scheint mir möglich. An einem Silvesterabend gegen halb Acht rief mich der Leiter vom Dienst, mein Stellvertreter Schulze an. Der Zug sei nun doch noch gekommen. Vierhundert Trabbis harrten auf den Doppelstockwagons der Entladung. Die Auskunft der Reichsbahn hätte gelautet, der Zug käme am 1.Januar. Alle Mitglieder der Entladekolonne hätten schon etwas getrunken. Und so kam es, dass Schulze, der Parteisekretär, er war Verkäufer im Autohaus, und der Betriebsdirektor höchstselbst zu dritt den Zug entluden. Das Auf- und Niederkurbeln der Rampen und Überfahrbleche verlangte Muskelkraft. - Um Eins stieß ich stocknüchtern wieder zu meiner kleinen Silvestergesellschaft. Es ging also relativ schnell, weil wir die PKW unmittelbar am Entladegleis abstellen konnten. Als „Revanche" gab ich Anweisung, eine große Bohrmaschine so auszurüsten, dass sie das zeit- und kraftraubende Kurbeln übernehmen könne. „Wieso seid ihr noch nicht selber da drauf gekommen?" Diese Frage machte nun mich wieder zum Vordenker. Künftige Kurbler wussten vielleicht doch nicht, wer ihnen die Arbeit erleichterte.

Sehr oft war ich im Bezirk unterwegs um die Filialen zu inspizieren. Ich tat das unangekündigt, was der Direktor Einzelhandel anfangs gerne ändern wollte. Die Filialleiter gewöhnten sich an meine Methode.

Ich besuchte und informierte regelmäßig die Parteikreisleitungen und die Vorsitzenden der Räte der Kreise. Das gefiel denen und der IFA-Vertrieb war überall gut angeschrieben. So kam ich zum Beispiel an eine alte Molkerei in Bergen auf Rügen, wo IFA bis dahin nur einen mickrigen Laden hatte. Der Altbau wurde saniert und umgebaut. Die NVA-Offiziersschule Prora, ansässig im längsten Gebäude Europas, fuhr den Bauschutt ab. Mit General Dirwelis hatten wir einen Patenschafts-vertrag. Militärmusiker spielten auch zum Frühstück bei Betriebsfesten. Dafür erhielt das Orchester von uns Theaterkarten, zum Beispiel.

Es musste in Bergen ein Heizkessel für Braunkohle eingebaut werden, weil ein anderes Heizmittel nicht genehmigt wurde. Der Schornstein geriet daher sehr wuchtig und hoch, wie ein Fabrikschornstein. Als der Bau übergeben wurde, brachte ich ein Fernglas mit, um zu prüfen, ob an der Esse die Fugen auch bis ganz oben verfugt seien. Sie waren es nicht. Reklamation! Die neue Verkaufstelle war groß, modern und schön.

Beschwerden und Wünsche meiner Leute in den Filialen bearbeitete ich mit den Fachdirektoren unverzüglich.

Gegen die Rattenplage in einer der drei Wismarer Filialen konnte allerdings nichts ausgerichtet werden. Die ehrwürdigen Gebäude aus der Hansezeit ähnelten im Innern einem Schweizerkäse. Die stellvertretende Oberbürgermeisterin für Handel und Versorgung von Wismar half schließlich ein besseres Objekt zu finden. Sie war eine von so vielen, deren Aufgabengebiet auch „Sorgen und Verhandlung“ genannt wurde.

Intermezzo

Die Rede ist nun schon lange von mir. Was ist verallgemeinerbar aus dem Erzählten? Es gibt zigtausende Beispiele von Menschen, die sich mindestens zeit- oder fallweise aus dem Korsett der Planwirtschaft und anderen Zwängen befreiten, Macher, Pflichtbewusste und Ehrgeizige. Seine Pflicht für eine Gesellschaft zu erfüllen, die solches gleichzeitig forderte und behinderte, verlangte wahrlich schöpferisches Arbeiten oder gar Selbstaufopferung. Drei Beispiele fallen mir ein: Für unsere Fachfiliale in Barth am Bodden bezogen wir die Heizungswärme vom *Volkseigenen Gut Saatzucht Zierpflanzen Barth*. Als die sowjetischen Freunde die Öl-Lieferungen an die DDR drastisch einschränkten, das muss 1984 gewesen sein, erhielt ich ein Schreiben des Direktors des genannten Betriebes, in welchem er kurz und bündig mitteilte, dass die Lieferung ab nächster Heizperiode nicht mehr möglich sei. Er habe die Auflage, sein Ölheizwerk still zu legen und müsse nun ein Heizwerk für Braunkohle bauen. Dessen projektierte Leistung erlaube keinen Verkauf von Wärmeenergie. Schleunigst besuchte ich den Genossen Strüber. Er zeigte mir seine riesigen Gewächshausanlagen, in denen er Hortensien züchtete, die alle nach Skandinavien exportiert wurden. Auch Pelargonienzucht betrieb er. Der Betrieb war ein Millionen-Devisenbringer. Trotzdem war er mit der Situation total allein gelassen. Sehr ernst bemerkte Strüber, dass die zarten Schösslinge für die nächsten Planjahre beim ersten Frost hin wären. Es war Hochsommer und von einem neuen Heizwerk war noch nichts zu sehen, als eine frei geschobene Fläche. - Er hatte einen **Stab** gegründet. Wenige Tage nach meinem Besuch rief er an, ob ich zum Stab kommen könnte. Ich konnte. Dort saßen kernige mecklenburgische Typen. Unter anderem der Chef einer ansässigen Metallbaufirma. Er sagte, wenn er in der Republik rumfahren müsste, um Fittings, Ventile, Pumpen, Instrumente und so weiter aufzutreiben, hätte er keinen Transporter. Ich reagierte nicht, weil ich nicht direkt angesprochen war. Vor unbekannten Personen konnte ich doch keine Kungelei beginnen. – Der Schlosserbetrieb bekam einen BARKAS B 1000 vom IFA-Kombinat PKW Karl-Marx-Stadt zugeteilt. Die Schlosser bedankten sich nicht bei mir, sie dachten, dass ihr überalterter Antrag zufällig gerade jetzt berücksichtigt wurde. Otto Strüber aber klopfte mir auf die Schulter. – Was die Maurer, Schlosser, Schornsteinbauer in diesem Sommer bis in den Herbst leisteten, wo der Kessel herkam, dazu fehlen mir die Details. Strüber selbst war Tag und Nacht dabei. Zur Einweihung des Braunkohleheizwerkes redete er vor den Arbeitern mit viel Dankbarkeit und Stolz ohne politisches Brimborium. Seine monatelange Anspannung löste sich in dem vielleicht nicht so vorgesehenen Schlusssatz: „So, und jetzt saufen wir!“ - Seine Schösslinge konnten getrost dem Winter entgegensehen, meine Verkäuferinnen auch.

Der Direktor des Energiekombinates Rostock, Genosse Reischmann, stellte seine Schlafstatt während Bauvorhaben und zu Zeiten mit hohem Energiebedarf in seinem Büro auf. Ich habe in all den Jahren in Rostock nur eine Stromabschaltung erlebt. Das war während des Beginns der Schneekatastrophe in der Sylvester-Nacht 1977/78, sonst nie!

Der Direktor des Fernmeldekombinates Rostock, Jonny Strade, sprach auf einer Veranstaltung, die in seinem Speisesaal stattfand, zu den versammelten Funktionären und Leitern zahlreicher Betriebe. Er beendete seine Ausführungen indem er ankündigte, um welche Schwerpunkte der prekären Telefonie-Situation er sich demnächst persönlich kümmern werde. Wir möchten ihn nun entschuldigen, er übergäbe die Leitung der Versammlung an seinen Stellvertreter, weil er einen unaufschiebbaren Termin habe. Freundlich nach allen Seiten grüßend verließ er unter Applaus den Raum. Da erschien sein Assistent hinter dem Rednerpult und sagte mit gepresster Stimme: „Der Chef geht jetzt zur Amputation des linken Beines."

Ich habe nie mehr solch eine Menge betroffener Gesichter gesehen. Wir erhoben uns still. - Jonny war schneller wieder an seinem Platze, als es zu erwarten war.

Leute, die keine Unternehmer waren, aber so handelten als wären sie welche, darf man als Idealisten bezeichnen, zumal sie alle schlecht bezahlt wurden.

„Rolle und Bedeutung der Sicherung der Versorgung der Bevölkerung“

Meine Funktion war mit einer Aufgabe unabdingbar verbunden, welche ich nicht gern erfüllte. Ich musste Anträge der Bürger auf vorfristige Bereitstellung eines PKW bearbeiten. Diese Aufgabe ergab sich aus der Tatsache, dass man 12 bis 17 Jahre auf seinen bestellten PKW warten musste.
Eine Anweisung des Ministers Kleiber mit der Nummer 1/73 legte das Verfahren zur „Bildung und Verwendung von PKW-Sonderfonds“ fest. Sie war geheim. Danach war der Betriebsdirektor des zuständigen VEB IFA-Vertrieb auch Vorsitzender des Beirates, welcher über die Vergabe auf Antrag kollektiv zu entscheiden hatte.
Als Begünstigte kamen infrage: Ärzte im ambulanten Dienst, Schwerbeschädigte, Kinderreiche, Familien mit besonderen Erschwernissen und „verdiente Persönlichkeiten“. Der Beirat bestand aus Mitgliedern, die der Rat des Bezirkes zu bestätigen hatte. Das waren Leute aus dem Rats-Bereich Handel und Versorgung, der Bezirksarzt, aus dem Bezirksvorstand des Gewerkschaftsbundes (FDGB) und dem Wehrbezirkskommando der Nationalen Volksarmee.
Etwa vierwöchentlich tagte der Beirat und behandelte pro Sitzung zirka 150 Anträge.
Leute aus wichtigen Positionen saßen also einmal im

Monat fast einen ganzen Arbeitstag da und mussten herausfinden, ob der Antrag begründet, von den zuständigen Stellen befürwortet und ob die vorfristige Vergabe des beantragten Typs gerechtfertigt sei.
Für die entscheidungsreife Aufbereitung der Anträge beschäftigten wir eine Vollkraft.

Die physischen Anstrengungen der Sitzung über Stunden und den Frust suchten die Beiratsmitglieder mit viel Kaffee und allerlei Späßen zu mildern.
Zum Beispiel hatte ein Mann aus Wismar den Antrag auf einen Wartburg-Kombi damit begründet, dass seine kranken Eltern in seinem Hause lebten, dauernd zu Ärzten und Behandlungen gefahren werden müssten, er drei Kinder habe und sein Arbeitsplatz als Musiker das Staatstheater Schwerin sei. Alles war verschiedentlich bescheinigt. ‚Nur warum braucht der unbedingt einen Kombi?' Die waren besonders knapp. Ich hatte für den Tag die Faxen dicke und sagte: „Sicherlich spielt er Kontrabass oder Cello!" Die anderen waren auch schon zu müde, um noch zu widersprechen. Der Mann bekam seinen Kombi.
Ich beauftragte meine Filialleiterin in Wismar, sich nach dem Musik-Instrument des Mannes zu erkundigen. - Er spielte Piccolo- und Querflöte. Das gab für die nächste Sitzung einen Brüller.
Anträge mit ärztlichem Attest über MS und andere eindeutige Schwerstbehinderungen wurden gleich durchgewinkt.
Meine laienmedizinische Aufgeklärtheit hatte dort ihren Ursprung, weil die stellvertretende Bezirksärztin uns die

Diagnosen erläutern musste.
Die „verdienten Persönlichkeiten“ hatten Befürwortungen der zuständigen Stellen mit einzureichen. Oft kam ein solcher Antrag direkt über das befürwortende staatliche Organ. Grundbedingung war auch in diesen Fällen eine gültige Pkw-Bestellung, die jedoch mindestens drei Jahre alt sein musste.

Aus Ablehnungen wurden dann zum großen Teil Eingaben der Bürger an staatliche Stellen oder an das Kombinat. Die Eingabenflut wurde natürlich auch aus vielen anderen Ärgernissen der Bürger gespeist. Für die Eingabenbearbeitung saßen in den Leitungsebenen überall spezielle Arbeitskräfte. Der Justitiar unseres Betriebes verbrachte damit einen großen Teil seiner Arbeitszeit. Er fertigte auch die verlangten Analysen dazu an.

Während der Wende zahlte es sich für mich aus, dass die Verwaltung des PKW-Sonderfonds, die Protokollierung jedes einzelnen Vorganges genauestens nachgewiesen werden konnte. Die Aufbewahrungsfrist war auf zehn Jahre festgelegt.
Damals stürzten sich alle, die noch zu Kontrollmaßnahmen befugt waren, und Beauftragte des „Runden Tisches“ in der ganzen DDR auf diese Sache, weil man Privilegien und Korruption aufdecken wollte.
Mit Recht! Es hat Korruption und Bereicherung gegeben. Sogar ein IFA-Betriebsdirektor war deswegen um 1982 herum entlassen und bestraft worden. In Rostock waren wir sauber. Ich wurde nicht vor einen Untersuchungsausschuss zitiert. Nicht ein einziges Auto habe

ich ohne Beiratsentscheidung oder ausdrückliche Genehmigung der dazu Befugten von ganz oben vergeben.

Noch unter der Regierung Modrow, im Januar 1990, die SED war dabei sich umzubenennen, erschien der gefürchtete ABI-Genosse Kustode und verlangte die Herausgabe von Akten zum Sonderfonds. Ich rief den Direktor PKW-Handel und wies ihn im Beisein des Kontrolleurs an, alles gegen Quittung heraus zu geben und sich terminlich über die Rückgabe zu einigen. Selbst hätte ich leider keine Zeit mehr.

Als Kustode mit dem Fachdirektor verschwunden war, bemerkte ich zu meiner Sekretärin: „Der will gerne jemanden mit ins Grab nehmen. Aber da muss er wo anders suchen."

Was nie publik wurde, war das wirkliche Ausmaß des „Bestellstaus". Im Jahr 1988 waren 148 923 PKW für die Versorgung der Bevölkerung der DDR „in den Plan eingeordnet". Bestellungen lagen 5 878 565 vor. Das war das 39,5-fache des für 1988 bereitgestellten Warenfonds. Hätte man diese Bestellungen innerhalb von 10 Jahren abarbeiten wollen, wären nahezu 600 000 Neufahrzeuge pro Jahr zu produzieren und zu importieren nötig gewesen, das Vierfache! Sicher waren nicht alle Bestellungen in den einzelnen Jahrgängen mit einem wirklichen Kaufwunsch oder mit Kaufkraft untersetzt, weil Großeltern, Onkel und Tanten für die Familie mit bestellten; aber auch ohne diesen spekulativen Teil war die Lage hoffnungslos.

Eiskalt war der Fachdirektor Wolfgang Buschbeck im

Leitbetrieb, der die erfassten Zahlen aller Bezirke so klar in seiner „Dienstsache H 1/88“ auf einen Punkt brachte. 40 Jahre Wartezeit der Partei- und Staatsführung in Berlin vor Augen zu führen, war mutig. Wenn man wüsste, was solche Meldungen in der Staatlichen Plankommission ausgelöst haben?

Das leidige Thema Ersatzteile führte zu ähnlichen Kuriositäten. Verlangten staatliche Leiter aus den Verwaltungen, Betrieben oder gesellschaftlichen Organisationen Ersatzteile von mir, so führte ich über die Vergabe ein streng gehütetes Buch. Es war damit nachweisbar, wer zur Ausübung seiner Tätigkeit Teile durch meine Anweisung bekommen hatte. - Ich gebe zu, es bereitete mir diebischen Spaß, als der Oberstaatsanwalt mich anrief und um vier komplette Wartburgräder bat. Er war zeitig bei Dunkelheit in sein Auto gestiegen und bemerkte verdutzt, dass sich der Wagen trotz hoher Drehzahl nicht bewegen ließ. Er stand auf Ziegelsteinen aufgebockt. Die neuen Räder bekam der Rechtshüter natürlich. - Vom Leitbetrieb erhielt ich eines Tages 10 (zehn) Stück Keilriemen für den BARKAS B1000, den Kleintransporter mit Zweitakt-Wartburgmotor gegen Quittung ausgehändigt. Diese Keilriemen hatte ich persönlich unter Verschluss zu halten und nur an Sonderbedarfsträger heraus zu geben. Das waren in der Reihenfolge der Wichtigkeit: Das Bestattungswesen, der Krankentransport, die Zivilverteidigung. Wie läppisch erscheint solch ein Auftrieb heute!

Anknüpfend an den Kaffee-Verbrauch bei Sitzungen

ist noch ein Stück aus dem Tollhaus zu erwähnen. Betriebsdirektoren hatten einen „Verfügungsfonds", aus dem „Bewirtungen" bezahlt werden durften. Bei mir waren das 250,- Mark (zweihundertfünfzig) im Jahr. Daher standen im Vorzimmer zwei Kaffee-Büchsen. Die eine füllte ich aus meiner Tasche.
Nachgefragt wegen der lächerlichen Summe, früher hatte es viel mehr gegeben, erfuhr ich: Der Finanzminister habe diktiert: „Die Verfügungsfonds sind um zehn Prozent zu kürzen." Die Stenotypistin habe geschrieben „auf zehn Prozent". So sei das ins Gesetzblatt gelangt und nicht berichtigt worden. Aber wer kann den Beweis dessen liefern?

Der stellvertretende Ratsvorsitzende Erwin Wildner berief mich gleich 1977 in seine „Bezirks-Versorgungskommission". Man wusste immer dienstags über die Versorgung mit Textilien, Schuhen und Lederwaren, Papier, Möbeln, Haushaltwaren, Getränken, Milch und Milcherzeugnissen, Eiern, Fleisch und Wurst etc. Bescheid. Wenn der Direktor des Großhandelsbetriebes für „Waren des täglichen Bedarfs" berichtete, fragte immer einer nach der Warengruppe „Besen - Bürsten - Pinsel", weil es so putzig klang. Alle Direktoren berichteten nacheinander über die Planerfüllung, Lieferverzug, Vertragsgerichtsklagen, Transportprobleme, erschöpfte Dieselkontingente und so weiter. Wildner arbeitete schnell und diktierte vor Ort zum Beispiel einen Importantrag für Toilettenpapier, weil die Produktion in Wismar wegen veralteter Technik ausgefallen war. - In

einem April gab der HO-Bezirksdirektor bekannt, dass er einige Saison-Gaststätten an der See nicht eröffnen könne, weil es an Bier- und Weingläsern mangle.
Ich wurde einige Zeit gefragt, warum es keine Fahrradventile zu kaufen gäbe. Die Leute würden sich gegenseitig die Ventile klauen. Das Reizthema beschäftigte das IFA-Kombinat schon monatelang, weil ein Produktionsautomat dafür nur im NSW (Nichtsozialistisches Wirtschaftsgebiet) zu haben war.
Ich sagte genervt: „Wenn jeder jedem die Ventile klaut, haben am Ende alle Ventile."
Wildner lachte.
Mit Keilriemen für den Trabbi war ich zu anderer Zeit dran. Da sprach man dann bekanntermaßen von der Damenstrumpfhose, die sich für Reparaturzwecke eignete. Der Mangel an Keilriemen hatte seine Ursache im nicht bezahlbaren Import von Kautschuk.
Die Frage, warum der beliebte Polski-Fiat 1500 aus dem Sortiment genommen wurde, konnte ich aus eigener Anschauung beantworten. In drei unserer Reklamationsfälle war bei einer Vollbremsung die Frontscheibe auf die Straße gefallen. Die Werkzeuge zum Stanzen der Bleche waren in dem polnischen Werk so verschlissen, dass es zur Überschreitung der Maßtoleranzen kam.
Oder ich musste sagen, wie man *Citroën* ausspricht und wer aus dem kleinen Sonderkontingent beliefert werden kann.

Der Vorsitzende selbst machte fortwährend sarkastische Bemerkungen. Auf unsinnige Einlassungen des neuen Sekretärs für Wirtschaft, die dessen Beauftragter in der Kommission vorzubringen hatte, reagierte er mit Hohn und Spott. Er formulierte einmal in meiner Gegenwart: „Der dumme Soundso hat gesagt...“. Scholze war leider versetzt worden.

Beeindruckend waren also die Offenheit in dieser Kommission und der vertraute Umgang der Mitglieder untereinander.

Anlässlich des 60. Geburtstages des Ersten Sekretärs der Bezirksleitung der SED, Genossen Ernst Timm, stand ich mit dem Konsum-Vorstandsvorsitzenden gemeinsam in der Schlange der Gratulanten noch auf der Straße. Beide hielten wir ein Geschenk unter dem Arm. Da sagte Gerhard Klösel mit seiner lauten Stimme: „Peter, glaubst du nicht auch, dass wir hier nur einer Funktion huldigen?“ Auch dieser Mann muss unter „Naturschutz“ gestanden haben. Tatsächlich hatte ich den Eindruck einer Huldigung beiwohnen zu dürfen. Der Jubilar nahm die Glückwünsche staatsmännisch mit dem Ausdruck reservierter Befriedigung wortlos entgegen. Das Geschenk durfte man einem der seitlich hinter ihm stehenden Mitarbeiter übergeben.

Dem Herrn Ernst Timm muss ich zugute halten, dass er sich niemals in PKW-Vergaben eingemischt hat, auch nicht durch Beauftragte seiner Bezirksleitung. Ähnlich Positives wurde mir durch meinen Amtskollegen Walter Vogt aus Dresden vom dortigen Ersten Sekretär, Genossen Hans Modrow erzählt.

In der ersten Januarwoche tagte Wildner jedes Jahr fünf Tage mit allen in Klausur. Der Rat des Bezirkes hatte in Graal-Müritz ein wunderbares Gästehaus. Dort wurde straff gearbeitet und heiß diskutiert. Abends wurde gefeiert. In die Sauna brachte der korrekt gekleidete Kellner kühles Bier. Ich betätigte mich als Vortragskünstler und vor dem Kamin gab ich den Feuerspucker. Mit Wodka geht das. Wir spielten Karten und Billard oder saßen in Gruppen beim Bier. Manches gemeinsame Projekt entstand, manches Problem wurde gelöst. Es herrschte Solidarität unter den Verantwortlichen des Handels. Man besuchte sich zu Geburtstagen und bei Auszeichnungen oder Jubiläen. Der Gastgeber machte dann beim Empfang mitunter aufmerksam, in welcher Ecke die Freunde vom MfS saßen. Es gab dafür Zeichen und Kürzel. Wir passten auf!

Zum jährlichen Pressefest der „Ostseezeitung“ lud der HO-Bezirksdirektor Heinz Hasse einige leitende Genossen mit ihren Frauen auf das Museumsschiff „Frieden“ ein, das auch als Begegnungsstätte diente. Ein slowakisches Volksmusik- und Tanzensemble trat mehrere Male dort auf, so dass man sich schon kannte. Ich trat ab einer bestimmten Alkoholmenge mit auf, sang mit und taxierte, welches der Mädchen ich beim Tanzen genauso hochstemmen konnte, wie es die slowakischen Burschen machten. Die Runde, in der man sich so etwas erlauben konnte, war schon sehr vertraut. Eigentlich war alles ganz harmlos, jedoch war Fröhlichkeit manchem linientreuen Kämpfer verdächtig. Halbernst sagte man: „ Pass auf, wer lacht, hat Reserven.“ Wildner, Hasse, ich und andere lachten von Herzen gern, natürlich einschließlich unserer lieben Gemahlinnen.

Bei einem dieser Treffen lernten Elfi und ich auch den Bildhauer Wolfgang Eckhardt und seine Frau kennen. Nach mehrmaligen Begegnungen erzählte Eckhardt die für ihn qualvolle Geschichte von der Erschaffung des monumentalen „Denkmals der revolutionären Kieler Matrosen“, welches unterhalb der Neptunwerft an der Warnow aufgestellt wurde und heute noch steht. Als das Gipsmodell 1:1 in einer Halle des Fischkombinates stand, kam Walter Ulbricht mit seiner Lotte zur Besichtigung. Ulbricht kritisierte, dass die Matrosen gar keine Gewehre oder sonstige Waffen trügen und dass sie vollkommen nackt seien. Der Künstler erläuterte nun dem Staatsratsvorsitzenden, dass er alles auf den Menschen an sich, auf seine nackte, aber kraftvolle Existenz reduziert habe. Die erhobenen Fäuste symbolisierten die Wehrhaftigkeit. Darauf sagte die gute Lotte: „Walter, komm, der Mensch versteht uns nicht!“

Na und die Stasi?

Diese Frage wurde mir viele Male gestellt. Ja, das war erst einmal ganz unspektakulär. O f f i z i e l l gingen Offiziere des Ministeriums für Staatssicherheit bei den Direktoren a l l e r Betriebe ein und aus.
(Was in meinem Betrieb konspirativ veranstaltet wurde, konnte ich logischerweise nicht wissen. Wie sich später herausstellte, ist es blamabel für die Akteure.)
Also zu den „ganz normalen“ Gepflogenheiten:
Zu mir kam in Abständen der Beauftragte für Geheimnisschutz, ein anderer Offizier ließ die Reiseanträge von Betriebsangehörigen für Verwandtenbesuche in der BRD gegenzeichnen, als dritter kam Oberst Hans Riedel mit Fragen zur Versorgung. Da ich den Eindruck hatte, dass unsere Versorgungsanalysen nicht oder gefiltert in Berlin ankämen, berichtete ich rückhaltlos, in der Meinung, dass die ganz Großen wenigstens durch das MfS ordentlich über die wahre Lage informiert würden. Nie verlangte der Stasi-Offizier Schriftliches. Wenn er sich Notizen machte, auf einem Block von mir, riss er mindestens vier leere Seiten mit ab und steckte sie ein.
Aus dem Mangel geboren war unter anderem der folgende ökonomische Blödsinn, von dem ich ihm berichtete.
Per Gesetz wurde die Erfassung, Wiederaufbereitung und Wiederverwendung von gebrauchten Zündkerzen

geregelt. Werkstätten und Läden hatten gebrauchte Zündkerzen gegen die Vergütung von 0,50 M pro Stück zurück zu nehmen. Im IFA-Großhandel wurden sie erfasst und mit hohem Arbeitsaufwand sortiert. Kerzen mit Rissen im Keramikkörper, die man erst nach Säuberung sieht, zum Teil auch dann nur mit Lupe, wurden verschrottet.

Hier wurden ökonomisch eigenverantwortliche Betriebe zu kostenintensiver und unproduktiver Arbeit verdonnert.

Alle Altkerzen der DDR kamen nach Sonneberg im schönen Thüringer Wald zur Aufarbeitung. Von dort wurden sie zu einer zentralen Verteilerstelle in Berlin gebracht. Strikt nach dem Verteilerschlüssel „Bevölkerungsanteil des Bezirkes“ brachten LKW die Kerzen in die Republik. (Auch wieder nach Thüringen.) Im Laden kostete eine regenerierte Zündkerze 2,65 M.

Riedel war für die Informationen dankbar und schwatzte gern mit mir, denn er stammte aus Zwickau. Er war schnell aufgestiegen, weil er im VEB Sachsenring, dem Trabantwerk, Sabotage aufgedeckt und verhindert hatte. Als begeisterter Jäger lud er mich auf Pirschgänge und Ansitze ein, was ich auch ein paar Male annahm. Auch mit dem Chef des Volkspolizeikreisamtes ging ich zur Wildschweinjagd. Dessen Angebot, ich solle Jäger werden, lehnte ich dankend ab.

Der Mann für Geheimnisschutz kam eines Tages und holte die neue elektronische Schreibmaschine aus dem Direktionsvorzimmer ab. Es war ein DDR-Modell, das

erste mit Speicher. Der Offizier erklärte, die Maschinen würden abstrahlen und der Feind könne von einem Auto aus in gewisser Entfernung aufzeichnen, was gerade geschrieben würde. Wahrscheinlich habe der Westen uns die Lizenz für die Technik in böser Absicht verkauft. Die Maschinen würden jetzt abgeschirmt und wiedergebracht. Ich schüttelte ungläubig den Kopf.
Dieser Offizier kontrollierte auch regelmäßig das Vorhandensein der registrierten Geheimnisdokumente. Die meisten davon befassten sich mit - dem Geheimnisschutz. Er ließ sich vorführen, wie die Dokumente versiegelt untergebracht waren und ob alle Geheimnisträger die personengebundenen Petschafte vorweisen konnten. Man trug diese Marke aus Aluminium am persönlichen Schlüsselbund.
Was für Geheimnisse wurden da verwahrt?

Ein mit dem zweithöchsten Geheimhaltungsgrad eingestuftes Dokument enthielt die Weisung, das in der Trafostation auf dem Betriebsgelände vorhandene PCB streng geheim zu halten. Beim Austreten wirkt es als furchtbares Gift. Polychlorierte Biphenyle sind krebserzeugend. Niemand durfte wissen, in welch gefährlicher Nähe er arbeitete. Als wir 1991 unsere erste Reise in den Schwarzwald machten, stand ich mit Elfi auf dem Feldberg und traute meinen Augen nicht. Groß und breit stand am Fuße des Antennenturmes auf der Tür die Warnung vor dem hier befindlichen PCB. Bei Unfall, Brand oder Zerstörung der Anlage hätten sich die Leute hier retten können. Anders als damals unsere Werktätigen. Die verschlungenen Gedankengänge, die zu jener

Weisung führten, kenne ich nicht.

Eine dunkelgrüne Kassette war in meinem Aktenschrank angeschraubt, gefüllt und versiegelt worden. Die durfte nur bei Anruf auf Parole geöffnet werden. Auf ein Passwort wäre dann das mit dem gleichen Wort versehene Kuvert zu öffnen gewesen. Die Kuverts enthielten die Befehle zur Herstellung des Verteidigungszustandes.

Für Verwandtenbesuche im Westen gab es beim MfS einen winzigen Vordruck, auf dem der Betriebsleiter seine Unterschrift hinter die Zeile „... keine Bedenken“ zu setzen oder abzulehnen hatte.
Ich habe alle unterschrieben und mich nach der Rückkehr gerne mit den Leuten unterhalten.
Da erfuhr ich im Wesentlichen, wie die Verwandten im Westen ganz anders mit dem Geld rechnen würden. Einige sagten, dass der Trubel und die Buntheit auch auf die Nerven gehen könnten. Wiedergekommen sind alle. Ein Glück für mich! Die Ausreise einer jungen Verkäuferin nach Algerien habe ich nicht befürwortet und zwei lange Gespräche mit ihr geführt. Sie wollte einem algerischen Hafenarbeiter in seine Heimat folgen. Diese jungen Männer waren für eine gewisse Zeit Vertragsarbeiter im Rostocker Hafen. Wir machten ihr die Risiken in dem fremden Kulturkreis deutlich.

Im Übrigen dachte ich so: Das Ministerium für Staatssicherheit ist nun mal da, wie andere Geheimdienste in anderen Ländern auch. Man erzählte Witze darüber. „... ich bin der Onkel Mielke, ich kenne sie alle!“ Ich fürchtete die Leute eigentlich nicht, weil ich mir keiner

Schuld bewusst war, was meine Arbeit und Lebensführung anging. Von Repressalien des MfS wusste ich nichts, es gab keine in meinem Bekanntenkreis. Kreise, in denen es welche gab, redeten nicht darüber. Ungute Gefühle hatte ich wohl hier und da, aber die verdrängte ich. Für gewagte Fluchten aus der DDR fehlte mir das Verständnis. Ich definierte mich über meine Arbeit, meine Verantwortung, meinen Stolz auf das Erreichte; wie hätte ich an das Aufgeben all dessen denken sollen? Nach meiner Überzeugung bin ich generell beschützt worden, vor mir selbst und vor anderen.

Hören - denken - schweigen

Ich schottete mich von allem ab, was das bisschen Harmonie störte, welche ich dem Leben außerhalb der Arbeit abringen konnte. Da waren Elfi und die zwei Kinder, da war die Freude an der Musik und am Lesen. Ein Buch hatte ich ständig um mich, und wenn es für eine halbe Stunde war. Und bald baute ich ein Haus.

Das Westfernsehen war auch präsent, täglich ab 20:00 Uhr. Den Kindern wurde eingeschärft, ihr Wissen darüber nicht preiszugeben. Mit Sicherheit fanden sie sich mit den Klassenkameraden im gleichen Zwiespalt. Man wusste eben was los war und scherte sich nicht weiter um die Quelle.

Ich schaute Nachrichten und Polit-Sendungen aus dem

Westen kritisch an. Die politische Bildung verhalf mir zur Distanz gegen Meinungsmache und Verdummungsabsichten. Zweifel an der alles regulierenden Macht des Marktes, an der Unerschöpflichkeit des Wachstums hegte ich immer. Die Berechtigung solcher Zweifel liefert unsere Gegenwart recht dramatisch!
„Der Kapitalismus hatte seinen Anfang, also wird er auch ein Ende haben, wie alles Irdische."
Das war ein grundlegender Gedanke, den man heute wieder aufnimmt.[1)] Denn was wird mit der Weltgesellschaft passieren, wenn das Öl immer knapper wird oder gar endgültig versiegt? Wo doch alles und jedes von diesem Stoff abhängt?

Höchst eigenartig berührte mich, wenn des Westfernsehen den „Wirtschaftsexperten der DDR", Doktor Günter Mittag zitierte und stets unkritisch darstellte. Viele, die den rüden Stil dieses Mannes auch nur aus der Entfernung kannten, lachten bitter darüber. Als Sekretär für Wirtschaft im Zentralkomitee der SED und Mitglied des Politbüros fasste er einsame Beschlüsse über die Köpfe im Ministerrat hinweg. Und Honecker duldete das!

Die propagandistischen Meldungen aus der Wirtschaft der DDR in unserem Programm stießen mich genauso ab. Lächerlich war zum Beispiel die ständige Berichterstattung in jedem Sommer, wenn die „Erntekapitäne" um jedes Korn rangen und sogar bis in die Nacht arbeiteten. Da schaltete man um zu Kuhlenkampf, Carrel und anderen Mastern. - Im DDR-Fernsehen wünschten wir uns mehr

Spaß. Darüber diskutierten wir einmal mit dem Leiter des Fernsehstudios Rostock. Ich hatte ihn zu einer der Klausuren eingeladen, die ich mit meinem Leitungskollektiv im Winter durchführte. Der liebenswürdige Hans Höschel sagte, er kenne diese Wünsche. Wir bräuchten halt auch einen „Otto". Aber, na ja… und jetzt käme Loriot zu uns. Was wollt ihr noch? Dabei hatten wir gute Humoristen, jeder kennt sie. Aber wohl zu wenige. Man sah immer nur dieselben.

Wie weit Vertrauen und Aufrichtigkeit in den unteren Ebenen der Arbeit ging, ist bekannt. Nach der Wende vermissten viele ostdeutsche Menschen jene Zusammengehörigkeit, die Vertrauen und Miteinander schuf. Wahrung und Missbrauch des Vertrauens lagen beieinander. Der erstere Teil war unter den Arbeitern nach meinem Gefühl der größere. Sogar auf meiner kollegialen Ebene, das wurde schon deutlich, habe ich kaum Missbrauch des Vertrauens erfahren. Im Jahre 1981 traf ich einen Kollegen, der an seiner Promotion schrieb. Es handelte sich um ein volkswirtschaftliches Thema. Der Genosse hatte Zugang zu besonderen Statistiken und Analysen erhalten. Er sagte: „Peter, die DDR ist pleite." 1981! – Franz Josef Strauß half dann, die Offenlegung dieses Zustandes mit dem Milliardenkredit aus dem Westen zu verzögern. Die Feststellung des Doktoranten behielt ich für mich.

Die wachsame Mutter
Neid

Mit der Zeit bemerkte ich Verschleißerscheinungen. Ständige Kreuzschmerzen, auch Anzeichen von Angina pectoris, die sich aber als vom Rücken her ausstrahlende Schmerzen herausstellten, störten sehr.
Meine Kinder fragten mich, warum ich so traurig und manchmal sogar böse gucke.
Ich erschrak; wie gucke ich? Da war es, was ich immer bei anderen beobachtet hatte. Dieser Funktionärsblick, der trübsinnige, verschleierte, verbissene Ausdruck. Ich versuchte, auf meine Miene zu achten.
War ich so stark, wie alle dachten? Oder machte mich die Arbeit langsam kaputt? Warum zuckte das Augenlid?
In dieser Zeit sagte Thomas, als ich ihn ermahnte, in der Schule mehr zu punkten, weil er ja studieren müsse: „Ich weiß nicht, ob ich so leben will wie du". Das traf mich hart. Denn damit gab er mir auch zu verstehen, dass ich für ihn keine Zeit hatte.

Ich bekam eine Kur. Sechs Wochen Piringebirge in Bulgarien taten Wunder. Ich bestieg in Begleitung eines Bergführers den Wichren mit 2950m, weitere neun Gipfel, alle um die 2500m und wurde Ehrenmitglied des bulgarischen Alpinistenvereins „Ädelwais". Für einen

Asthmatiker nicht schlecht.
Dort lernte ich einen Mann kennen, mit dem mich noch nach fünfundzwanzig Jahren eine echte Freundschaft verband. Leider hat er uns schon verlassen.
„Jogi“, ein begnadeter Handwerker. Er besaß in Leipzig eine kleine Prägedruckerei und produzierte vor allem Goldprägearbeiten. Unter anderem führte er Aufträge des DDR-Sport-Chefs aus. Ein Könner, der imponierte. Die Familien lernten sich kennen, wir besuchten uns gegenseitig.
Vor allem das lustige, unbeschwerte Wesen des Freundes tat mir immer wieder gut. Doch wenn der Leipziger anrief und politisch Bedenkliches, etwa einen Witz erzählen wollte, sagte ich dazwischen: „Ja, bei uns gab es heute marinierten Hering mit Himbeersoße.“, oder ähnlichen Nonsens. Bei einem Treffen fragte Jogi, warum ich ihn immer mit solchem Mist abwürge. „Na weil ich komplett abgehört werde.“ - „Du spinnst doch, leidest an Verfolgungswahn.“, sagte Jogi. Nach der Wende sah er das anders.

Mein Studienfreund, der Thüringer Wolfgang Klipstein, von ihm war schon die Rede, rief mich eines Tages von Kühlungsborn aus an, wo er an einem Lehrgang teilnahm. Ich holte ihn für das Wochenende in unsere Wohnung. Der Freund jammerte über die Situation in seinem Fleischwaren-Betrieb mit der verschlissenen Bausubstanz und der ineffektiven Technik. Kein Ersatz sei in Aussicht usw. Ich sagte ihm, dass er sofort als Ökonomischer Direktor bei uns anfangen könne, weil mir seine Qualitäten schließlich bekannt seien. Schulze sollte Direktor Großhandel werden, aber Stellvertreter bleiben.

„Du machst Spaß; wo willst du denn eine Wohnung für fünf Personen herkriegen?“, meinte Klipstein.

„Das ist mein Bier! Rede mit deiner Frau, komm mit ihr her, zeig ihr Warnemünde, unternimm eine Hafenrundfahrt, lass mich mit ihr tanzen und alles wird gut.“

So geschah es; und Klipstein kündigte.

Der Abteilungsleiter für Wirtschaft der SED-Kreisleitung Rostock bestellte mich „in einer halben Stunde, genau um halb zwölf“ zu sich. Der stramme Kämpfer brüllte mich an, ich wäre ein Wohnungsschieber, würde Abwerbung von Leitungskadern und Vetternwirtschaft betreiben.

Da ich wusste, dass es bei manchen Parteisoldaten Methode war, den Anderen mit einem Schuss vor den Bug zu schocken, zwang ich mich, ruhig zu bleiben. Ich sagte, dass man das Gespräch lieber beim Ersten Sekretär oder in größerer Runde führen solle, wenn der Genosse seine unklaren aber ungeheuren Anschuldigungen nicht sofort zurück nähme.

Zum Schluss quittierte der Kämpfer meine Erklärungen: Die Berufung des Genossen Klipstein geschieht durch den Generaldirektor in Karl-Marx-Stadt, er ist ein Studienkollege, nicht mehr, und die 5-Raumwohnung ist die letzte von elfen, welche dem Betrieb laut Ratsbeschluss zustehen.

Klipstein erzählte mir telefonisch noch am Abend des Tages mit dem peinlichen Gespräch, dass er exakt zur

gleichen Zeit in seine Kreisleitung gerufen, abgewaschen wurde, aber fest geblieben war. Er hatte seiner „Mutter", der Partei, widerstanden.
Klipstein wurde der Chef-Ökonom, machte gute Arbeit und verhielt sich mir gegenüber loyal. Weil ich aus lauter Prinzipien mit keinem Betriebsangehörigen freundschaftlich verkehrte, blieb es zwischen beiden Familien bei Höflichkeitsbesuchen in langen Abständen. Wir Rentnerpaare haben nun seit der Wende freundschaftliche Kontakte. Wolfgang wohnt mit seiner Frau wieder in Thüringen.
Klipstein hielt mir den Rücken frei, was Planung und Analyse betraf. Ich spielte auf dem „Klavier" Leitungsapparat und es gab Augenblicke, wo ich meinen Überblick genoss.

Ich sah, dass der Betrieb lief, dass alle Verantwortlichen engagiert arbeiteten.
In fachlicher Hinsicht konnte ich mich auf die wichtigsten Leute verlassen.
Da meldete ich mich beim Rektor der „Wilhelm-Pieck-Universität Rostock" an und erkundigte mich, ob ich ein Diplom als Ingenieur-Ökonom des Maschinenbaues erwerben könne, wenn ich extern studieren würde.
Das war möglich. Der Generaldirektor delegierte mich. Von 1980 bis 83 las ich Bücher, ließ mich stückweise über deren Inhalt prüfen und schrieb Belegarbeiten, hatte Einzelgespräche bei verschiedenen Professoren und nahm an Seminaren unter jungen Studenten teil. Zwischendurch gedachte ich die Qual zu beenden, aber

das war in meiner Position ganz unmöglich. Schließlich erhielt meine Diplomarbeit eine Eins. Sie bedeutete mir jedoch nie so viel, wie meine Ingenieurarbeit, die Salamistudie. Auf meiner Visitenkarte konnte ich nun einen akademischen Grad voranstellen. Man war in der DDR auf Titel aus und die spielten auch bei Vergütungen unter Umständen eine Rolle.

Ende der 70er Jahre reihten mich die Oberen Rostocks ganz selbstverständlich in die Reihe verlässlicher Posten ein. Ich war Mitglied im Vortragszyklus der Bezirksleitung der SED, wo sich die Spitzen aus Staat, Partei und Wirtschaft des Bezirkes trafen und Vorträge von Politikern und Professoren aus Berlin und anderen Städten zu hören waren. Man erfuhr dort mitunter Dinge, die sonst nicht an die Öffentlichkeit gelangten. Zum Beispiel erklärte der Kulturminister Klaus Gysi, zu dessen Ressorts auch die Kirchenfragen gehörten, dass das Gesundheitswesen der DDR ohne die Einrichtungen der Kirchen sehr viel schlechter aussehen würde. Weiter bekannte er, dass die katholischen Bischöfe „gut zu händeln" wären. Der Bischof von Meißen hätte sogar angefragt, ob er mit Billigung der Regierung von seinem Sitz in Bautzen nach Dresden umziehen dürfte. Die Hofkirche am Schloss würde dann zur Kathedrale umgewidmet, was auch 1980 geschah. Gysi meinte, man wäre überrascht gewesen und hätte nicht gewusst, warum man diesem Wunsche etwas entgegen halten sollte. Mit den evangelischen Landeskirchen gäbe es da mehr Probleme, die wären sogar mitunter aufsässig. - Professor Jürgen Kuczynski, der große alte Mann der Analyse des Kapitalismus, der große Statistiker und ökonomische Vordenker erlaubte sich dort zu sagen: „Genossen, der Honecker ist ein ganz kluger Mann.“ Als ob jemals daran Zweifel bestanden hätten. Wir wussten, dass Honecker nicht auf Wissenschaftler hörte, wenn sie seine uferlosen *sozialpolitischen Maßnahmen* korrigiert sehen wollten.

Bei einer solchen Veranstaltung begegnete ich dem OB Dr. Schleiff und dem Ersten Sekretär der SED-Kreisleitung, Heinz Kochs. Die beiden schienen sich über mich unterhalten zu haben. Sie fragten, ob ich mich in Rostock wohlfühle und ob irgendwelche Wünsche bestünden. Ich sagte, dass meine Familie sich sogar sehr wohl fühlen würde, auch weil wir eine schöne Wohnung hätten. Wenn ich jedoch einmal ein kleines Häuschen mit Garten erwerben könnte, wäre das die Erfüllung für mich. - Nach einigen Monaten teilte mir ein Mitarbeiter des Stadtbauamtes mit, dass ich in den Bauvertrag für ein Reihenhaus einsteigen könne, weil der Bauherr aufgäbe. Ich bezahlte dem Mann seinen Arbeitsaufwand am Bestand und baute mit meinem Sohn und im Rahmen der Nachbarschaftshilfe ein angefangenes Haus weiter und baute es weitgehend allein in fünf Jahren aus. Die Familie hatte fünf Jahre lang kein Wochenende und keinen größeren Urlaub.

Wer einen Baumarkt aufsuchen, auswählen und kaufen kann, was nötig ist, hat keine Vorstellungen, was es in der DDR bedeutete, sich so ein Vorhaben aufzuhalsen.

Wir bekamen den günstigen staatlichen Kredit. Der

Stadtbaudirektor erteilte eine Bezugsberechtigung für das projektierte Baumaterial und wir mussten uns, wie alle anderen auch, der jeweiligen Versorgungslage anpassen. Die Hartbrandklinker für den Schornstein wurden abgezählt zugeteilt, zum Beispiel. Sie wurden bis zum Vermauern im Bau unter Verschluss gehalten. Für meinen ersten Einsatz auf der Baustelle borgte ich mir im Betrieb zwei Schaufeln, die ich gegen Quittung zurück gab, als ich eigenes Werkzeug besaß. Ich setzte niemals einen LKW oder einen Mann aus meinem Betrieb ein. Auch hier blieb ich unanfechtbar. - Genosse Kustode hat alles recht heimlich geprüft! Er wusste nicht, dass ich es wusste.

Als der staatliche Kredit zur Neige ging, der Ausbau jedoch noch unfertig war, verkaufte ich etwas aus meinem Erbe und mein Leipziger Freund Jogi lieh mir Geld.

Beim Bauen war Improvisation an der Tagesordnung.

War kein Kalk da, putzten wir stellenweise mit Beton.

Das Parkett entstand aus nicht exportfähigen Ausschuss-Stäben. Es waren Äste darin. Wenn aber alle Stäbe Äste haben, ist es schon wieder etwas Besonderes.

Georg Gwosdz, der Direktor des IFA-Leitbetriebes Zwickau, von dem ich manchmal den Eindruck hatte, als könne der mich nicht leiden, sagte mir eines Tages, dass ihm geraten worden sei, auf mich aufzupassen, weil ich privat einen „LADA 1500“ führe und ein Haus baute. Ich tippte sofort, aus welcher Ecke der Zuruf gekommen sein musste. Gwosdz widersprach nicht. Ich habe ihm diese kameradschaftliche Geste nicht vergessen. Den betreffenden „Amts-Kollegen“ behandelte ich darauf mit ausgesuchter Höflichkeit, was bei der ihm eigenen Art des Umganges für Abstand sorgte. Bei Tagungen fuhr ich nie mit ihm in einem Auto und schlief nie mit ihm in einem Zimmer. Die Erklärung war für mich einfach: Er rauchte geradezu manisch. Und wohlgemerkt, zu diesem Mann hatte ich schon vorher kein Vertrauensverhältnis. Seine Informationen über mich erhielt er über meinen Mitarbeiter, der früher bei ihm tätig war. Ich hatte inzwischen den Grad der Gelassenheit erlangt, der es gestattet, sich über stuhlbeinsägende Leute heimlich zu amüsieren. Ich habe die erkannten Pappenheimer weiterhin gelenkt und für den Betrieb benutzt. Irgendwann müssen sie festgestellt haben, dass ich weder in Rostock, noch im Kombinat zu kippen war, denn die Versuche hörten auf, das heißt, die ruchbar gewordenen.

Ein Trick und – wer den Grundstein zu spät legt...
So enttäuscht man eine alte Freundin

Vom Leitbetrieb hatte ich jahrelangen Druck auszuhalten, weil man wollte, dass ich ein *Regionallager Nord* für Ersatzteile der Sortimente Trabant und Wartburg schaffe. Die oberste Prämisse war jedoch, dafür geeignete Altbausubstanz aufzutreiben. Die war aber in dem industriearmen Norden nicht vorhanden. Weil ich wegen Erfolglosigkeit kritisiert wurde, griff ich in die Trickkiste: In Grimmen war eine Ziegelei aufgegeben worden. Die dortige SED-Kreisleitung lieferte mir den Hinweis auf das Objekt. Ich ließ unsere Techniker eine Grobstudie anfertigen und wies den riesigen Ringofen als Lager aus. Weil ich fürchtete, dass meine Eulenspiegelei erkannt würde, betrieb ich alle Beratungen mit vollem Ernst, so dass sich einige hinter meinem Rücken an den Kopf tippten, wie ich lange hinterher erfuhr. Ich weihte tatsächlich niemanden ein. Es war auch eigentlich ein tolles Gedankenexperiment, was mich amüsierte. Der Vorschlag kam im Kombinat an und wurde, weil irrwitzig, gar nicht erst zur Entscheidung vorgelegt.

Plötzlich kam Bewegung in die Sache. Ich erhielt den Auftrag, einen Standort in Rostock zu finden, mit Gleisanschlussmöglichkeit.

Ich rotierte.

Bei dem Sekretär der Bezirksleitung der SED, den Wildner so despektierlich bezeichnete, meldete ich mich an. Konzentriert trug ich das Vorhaben und dessen versorgungspolitische Bedeutung vor und erbat die Unterstützung der BL. Die ganze Zeit wunderte ich mich, dass der Genosse ständig zur Seite schaute, wo hinter Pflanzen etwas seinen Blick fesselte. Ich benutzte den Griff nach der Kaffeesahne dazu, mich vorbeugend, hinter das Geheimnis zu kommen. Auf einem kleinen Bildschirm verfolgte der Mann die Aufzeichnung einer Ballettvorführung. Ein Funktionär, der für seine Person die höchste Aufmerksamkeit reklamierte, schenkte einem Abhängigen mit seinem existentiellen Problem nur am Rande Beachtung. Arroganz der Macht!
Als ich aufhörte zu sprechen, sagte der hohe Genosse:
„Ja, gute Sache, mach ma."
Seinem Adjutanten genügte diese Aussage und der half, bei allen Stellen Zustimmung zu erwirken. Meine Partner waren nun Leute in der Bezirksplankommission und deren Vorsitzender Herbert Schuldt. Er fand schnell einen geeigneten Platz. Er war ein heimlicher Befürworter meiner Arbeit.

Der erwähnte Adjutant war der Abteilungsleiter Arno Link, der im Bezirk wegen seiner Intelligenz und Urteilskraft sehr geschätzt wurde, der Gutes und Nützliches bewirkt hat. Der hatte das Format, zu mir zu sagen:
„Du machst gute Politik."
Als Gorbatschow an die Macht kam und ich das positiv vermerkte, warnte dieser Genosse: „Pass auf, rede nicht zu viel von dem." Zunächst dachte ich nur daran, dass

nun die Zeit der uralten Generalsekretäre endlich vorbei wäre. Als ich aber die ersten „Sputniks“ gelesen hatte, verstand ich die Warnung Links. „Glasnost“ und „Perestroika“ waren nicht das, was Honecker und die meisten seiner ZK-Mitglieder wollten.

Der Bauplatz für das große Lager verlangte Entwässerung und das Auffüllen mit Sand. Vierhundert Eisenbahn-Wagons voll wurden dafür gebraucht.

Im Sommer 1988 legten wir mit dem OB und anderen wichtigen Leuten, denen ich dankbar war, den Grundstein für eine Halle aus Betonfertigteilen in der Größe eines Fußballfeldes im Stadtteil Schmarl.
Akteure und Publikum waren im Halbkreis aufgestellt. Die Volksarmee hatte für mich die Messingkartusche eines Artilleriegeschosses als Dokumentenbehältnis abgezweigt. Unter einem Deckel enthielt es die üblichen Zeitdokumente, Münzen und eine Zeichnung der Halle. Ich nahm die Riesenbüchse zur Hand, schaute in das vorgesehene Loch im Beton und es fuhr mir eiskalt über den Rücken. Regenwasser! - „Wird die Sache ins Wasser fallen?“ So oder ähnlich dachte ich einen Moment lang. Niemand bemerkte meinen Schreck. Ich nahm die Kelle und schaufelte Mörtel auf die hochpolierte Kapsel, wissend, dass sich das Papier darin gerade voll Wasser sog. Weil ich die Zeremonie mit den drei Hammerschlägen zünftig absolvierte, fragte mich Wolfgang Klipstein: „Wo haste denn das nun wieder gelernt?“

Die betriebliche Aufbauleitung konnte ich aus unse-

rem Bereich Technik bilden. Günter Mewes und Ruth Müller, die erste Zeichnerin aus dem Aufbaustab von 1976, waren Ingenieure, erprobt, zuverlässig, kompetent und kreativ. Ich ließ ihnen über den Kopf des damaligen Direktors für Technik hinweg weitgehende Befugnisse. Der Mann war eine Art Beckmesser. Willig, fähig, aber stets mit erhobenem Zeigefinger brachte er die Leute zur Verzweiflung. Daher machte ich dieses Vorhaben zur Chefsache.
Die Halle sollte 10 Millionen Mark kosten. Sie blieb ein Rohbau, denn, „ … dann kam die Wende!" - Über das Phänomen ***Vorahnungen*** werde ich hier nicht spekulieren. - Doch zurück!

Der Generaldirektor Günter Salzmann im IFA-Kombinat PKW hatte sich nach der Pensionierung Dr. Kästners von der direkten Leitung der Handelsbetriebe insofern entlastet, als er den VEB IFA-Vertrieb Zwickau zum Leitbetrieb ernannte. Dessen Betriebsdirektor, Georg Gwosdz, leitete mit seinem Apparat die anderen sieben IFA-Vertriebe an, leitete Planvergabe und Abrechnung und hatte Weisungsrechte. - Der sympathische Günter Salzmann blieb leider nicht lange. Im Westen hätte man ihn als eloquent oder smart bezeichnet. Er war bei aller Konsequenz stets höflich und auf Konsens bedacht. Die Partei bürdete ihm bald etwas andere auf.-

Etwa vierwöchentlich trafen sich die acht Betriebsdirektoren an den verschiedensten Orten in der ganzen Republik und tagten.
Wir reisten am Abend vorher an. Der Ehrgeiz des jewei-

ligen Veranstalters war es, immer etwas Neues, Originelles und Preisgünstiges zu organisieren.
Man freute sich auf die abendlichen Treffen bei Bier und gutem Essen. (Am meisten wohl die Fahrer.) Die neuesten politischen Witze wurden erzählt (ohne die Fahrer) und sofort mit den angemessenen Gefängnisstrafen bewährt.
Wenn ich das heute bedenke, wird mir deutlich, wie wir alles automatisch verdrängten, was uns eigentlich peinlich war. Witze erzählen war Kult. Wir fühlten vielleicht auch eine Art Freiheit dabei. Stoff für politischen Witz lieferte unter anderem die Doktrin Honeckers über die ***Abgrenzung der DDR zur BRD.*** Das Deutsche Rote Kreuz zum Beispiel hieß nun offiziell ***Deutsches Rotes Kreuz der DDR.*** Die beste Persiflage dazu lieferte nach meiner Meinung ein Autor der immer ausverkauften Satirezeitung „Der Eulenspiegel“. Er erzählte eine Geschichte vom Auftritt eines Mannes mit einem großen Hund und erklärte näher: „Es war eine Deutsche Dogge der DDR.“

Der Jüngste war ich in diesem Kreise, verkehrte mit allen Kollegen achtungsvoll und höflich, holte gern ihren Rat ein. Wie gesagt erfuhr einer davon meine besondere Behandlung. Freundschaftlich vertraut war ich mit meinem Magdeburger Kollegen Karl-Heinz Presser. Wenn der nach Rostock kam, war immer schönes Wetter. Wir freuten uns jedesmal darüber, weil wir das symbolhaft für unsere Zusammenarbeit ansahen.

Die Tagung der Betriebsdirektoren wurde straff geleitet. Obenan standen immer die Versorgungsberichte, die vorher eingereicht waren. Die Erfüllung von -zig Plankennziffern wurde kontrolliert, Abweichungen diskutiert, auch kritisiert. Der Wettbewerbssieger des Quartals bekam eine Prämie.
Auf dieselbe Art wie in Wildners Versorgungskommission beriet man die Fragen der Versorgung. So auch diese: Als für motorisierte Zweiradfahrer die Helmpflicht Gesetz wurde, gab es zu wenig Helme. Nach langem Anlauf produzierte die Industrie so viele Helme, dass sie per Auflagen an die IFA-Vertriebe verteilt wurden mussten. Scheunen wurden als Bestandsläger angemietet und die Handelsbetriebe mussten die hohen Bestände über die Staatsbank finanzieren, was sich negativ auf den Gewinn auswirkte. - Immer wieder beschwerten sich die Direktoren über die geistlose Verfahrensweise des VEB Sachsenring, der die Pkw-Güterzüge einmal mit 400 himmelblauen Trabbis, das nächste Mal vielleicht ausschließlich in *Saharagelb* belud. Ein Witzbold sagte in diesem Falle: „Die waren eigentlich für den Rommel bestimmt." Wer als Kunde *Beige* bestellt hatte, musste weiter warten, wenn er darauf bestand.
Frustrierend war für alle die starre Verfahrensweise mancher übergeordneter Stelle. Dafür ein Beispiel: Der Betrieb Rostock ersetzte in einem Jahr einen Heizkessel. Folglich hatten wir ein paar Tonnen Gusseisen als Schrott abgeliefert. Das Ministerium beauflagte im nächsten Jahr das Kombinat mit eben dieser Mehrmen-

ge, und wir sahen die Auflage in unserer Staatlichen Planauflage (STAL) wieder. Da weder das Gusseisen, noch die Gesamtmenge an Schrott aufzubringen war, ließ ich Schrott vom Hafen kaufen und ihn für unseren Betrieb beim VEB Sekundärrohstoffe in Rostock gutschreiben. Die Erfüllung dieser Kennziffer war gesichert.

Fanden die Tagungen in Berlin, Leipzig oder Dresden statt, ging ich am Vorabend ins Theater oder Konzert.
In der Leipziger Oper sah ich eines Abends „Elektra" von Richard Strauß. Die Titelrolle sang die hervorragende Altistin Renate Härtel, die ich bei der Doerrer kennen gelernt hatte. In der Pause traf ich den Ehemann der Härtel. Der führte mich in ihre Garderobe. Es war ein freudiges Wiedersehen. Die beiden wollten natürlich wissen, was ich arbeiten würde. Ich erzählte es ihnen. Die Härtel sagte: „Siehst du, bist doch noch Solist geworden."

Einmal konnte der Hotel-Portier in Berlin keine Karte mehr beschaffen, es sei denn, ich möchte Berlin bei Nacht vom Fernsehturm aus betrachten. Das nahm ich gerne an. Ich betrat das kreisrunde Restaurant und wurde sogleich „platziert". Ein Fensterplatz. Die Dame gegenüber grüßte ich mit einer knappen Verbeugung und gab mich eine Zeit lang dem fantastischen Ausblick hin.
Als ich zu sprechen anfing, um meine Freude mitzuteilen, reichte mir die Dame ihre Hand über den Tisch und sagte: „Guten Abend, Peter." Großes Erstaunen, jetzt

erkannte ich mein Gegenüber. Es war eine Schulkameradin von der Oberschule, Margot Mehnert. Wir freuten uns riesig.
Margot war ein großes Mädchen mit einem geflochtenen dicken Kranz strohblonder Haare gewesen. Weil sie dazu noch blaue Augen hatte, eine kräftige Statur obendrein, nannte ich sie heimlich meine Germanin.
Wir waren damals gute Kumpels. Einmal schenkte sie mir ein selbst gefundenes vierblättriges Kleeblatt.
Nun ging es ans Erzählen. Sie hatte, und hier zuckte ich, in Westberlin Medizin studiert, war Neurochirurgin geworden.
„Aber warum hast du nicht hier studiert?"
„Weil ich als Mitglied der *Jungen Gemeinde* erstens nur gemoppt wurde, es gar nicht erwarten konnte, ungehindert tun und lassen zu können, was ich wollte und weil ich zweitens nie einen Studienplatz bekommen hätte."
„Und wieso treffe ich dich hier?"
„Ich war in der Charité zu einem Symposium. Bis 24:00 Uhr muss ich wieder drüben sein. Ich wohne in Westberlin." Ich schaute mich um. Sie merkte es, wünschte mir alles Gute und verabschiedete sich schnell.
Am anderen Tag meldete ich meinem Vorgesetzten und dem Oberst Riedel meinen zufälligen „Kontakt". Das war für Geheimnisträger Vorschrift. Ich war sehr vorsichtig, aber immer noch nicht genug.

Betriebsgeheimnisse
Erinnerung an Edel

Jahrelang bereitete man die Ausrüstung von Trabant und Wartburg mit Viertakt-Motoren vor.
VW investierte in Karl-Marx-Stadt und in Mosel bei Zwickau schon in ein Kurbelwellenwerk und in die Motorenproduktion. Zeitplan und technische Parameter der Maßnahmen zur PKW-Produktion waren selbstverständlich geheim. Als es bald so weit war, 1988, informierte der Generaldirektor auch die Betriebsdirektoren des IFA-Handels.
Kurze Zeit danach lud mich die bezirkliche Erzeugnisgruppe der Kfz-Reparaturbetriebe zu einer Sitzung ein. Dort bemängelten die Leiter die immer noch andauernde Geheimniskrämerei. Auf das Drängen der Leute sagte ich, dass der Trabant mit dieser und der Wartburg mit jener Ausstattung kommen werde.
Ich hatte versäumt, zu fragen, ob Journalisten anwesend seien. Daher kam es furchtbar:
Mein Vorgesetzter, Gwosdz, rief eine Woche später an und fragte ziemlich scharf, wie ich mir erlauben könnte, ein Interview über Dinge zu geben, die Betriebsgeheimnisse seien. Ich erwiderte, dass ich noch nie ein Interview gegeben hätte. Gwosdz erklärte mir, worum es ging und war sehr verärgert, weil er die ersten Vorwürfe hatte entgegen nehmen müssen.

Es war die Redakteurin einer Betriebszeitung, die aus meinen wenigen Angaben einen Artikel bastelte. Da alle Druckerzeugnisse dieser Art bei der Nachrichtenagentur ADN in Berlin landeten, fragte ein Redakteur im Ministerium an, ob man das in die Tageszeitungen bringen dürfe. Der neue Minister Tautenhahn untersagte jede weitere Veröffentlichung und wies den Generaldirektor Vogt an, mich zur Rechenschaft zu ziehen. Ich musste einen Bericht einreichen. Arno Link von der BL der SED verfasste ein Schreiben für seinen Chef an Vogt, in welchem Böttgers bisherige Disziplin und seine Leistungen für den Bezirk hervorgehoben wurden.
Hätte Vogt im Disziplinarverfahren „Geheimnisverrat" zugrunde gelegt, wäre die Karriere beendet gewesen.

Ich, der zu Maßregelnde, traf mich im Büro meines Berliner Kollegen Horst Müller mit meinem Vorgesetzten Georg Gwosdz. Wir beredeten allerlei Fachliches. Am Ende sagt Gwosdz: „Ach Peter, ich habe dir ja noch etwas zu übergeben. Und pass' ein bisschen besser auf, was du sagst." Und dann wurde er noch vertraulicher: „Manchmal habe ich gedacht, wenn du sprachst, - der ist arrogant. Aber wenn man dich kennt, weiß man, dass du ein Kumpel bist." Ich steckte den *Strengen Verweis* ein und war für die faire Behandlung dankbar.

Kontakte mit der Presse in Rostock habe ich tatsächlich nie gehabt, auch nie gesucht. Was hätte es den Lesern genutzt zu wissen, wie die tüchtigen Menschen bei IFA die Pläne erfüllen, die Kunden aber trotzdem endlos auf ihr Auto warten lassen müssen?

Bei Horst Müller, in diesem Büro, hatte ich vor Jahren

den Schriftsteller Peter Edel getroffen. Als Müller uns beide einander vorstellte, wusste der Mann sofort, dass er von mir schon einmal einen Brief bekommen hatte. Die Freude war beiderseits.
Edel hat das autobiographische Buch „Wenn es ans Leben geht" geschrieben. Daraus entstand ein mehrteiliger Fernsehfilm mit Gunther Schoß in der Rolle des Peter Edel. Geschildert wird das Schicksal Edels, seiner Familie und seiner Verlobten unter den Nazis. Er sieht seine Esther auf der Rampe von Auschwitz bei der „Selektion" und weiß, dass sie in Richtung Gaskammer gehen wird. Am Anfang schildert er, wie Kinder in Berlin die als „Gefangene" marschierenden Juden verhöhnen. Auschwitz überlebte er, weil ihn die SS als Zeichner brauchte. Ich schrieb ihm damals, wie mich das Buch erschüttert habe und wie ich als Achtjähriger in der Meute hinter einer jungen Frau her gelaufen war. Die hatte sich mit einem französischen Kriegsgefangenen eingelassen und war dafür öffentlich kahlgeschoren worden. Nun riss ein Junge der Armen das Kopftuch herunter, und wir Kinder johlten.
Ich fragte, ob Edel den Kindern von damals verziehen habe. Darauf schrieb er mir einen sehr langen und warmherzigen Brief.
Bald nach diesem Treffen ist Peter Edel, viel zu früh, gestorben.

Ich rief meinen Generaldirektor Dieter Vogt an, entschuldigte mich noch einmal und bedankte mich, dass er die Sache so glimpflich hatte ausgehen lassen. Das freute ihn und wir waren uns der gegenseitigen Wertschätzung sicher.

Ende 1988 hatte ich ein Gespräch mit Vogt. Der sagte, dass er mich eigentlich wegen der jahrelangen guten Leistungen auszeichnen möchte. Die „Sache" sei für ihn selbst vergessen, könnte jedoch bei der Antragstellung im Ministerium nochmals sauer aufstoßen. Er dachte gewiss, dass ich von mir aus einmal fragen könnte, ob ich schon auf der Liste stünde. Aber solche Gedanken hatte ich nicht. Ich war mehrfacher „Aktivist", das genügte mir. Ich ergriff die Gelegenheit und erwiderte, dass Orden mir nichts bedeuteten. Mein größter Wunsch sei es, einmal mit einem Handelsschiff der Deutschen Seerederei Rostock (DSR) in das Mittelmeer reisen zu dürfen. Ich schwärmte von meiner Begeisterung für die griechische Antike und das alte Ägypten. Ich wolle alles bezahlen, brauche nur ein Visum für meine Frau und mich.

Vogt sicherte zu, sich für die beiden Visa einzusetzen.

Oberst Riedel erschien bei mir und fragte, wie weit ich mit dem Generaldirektor der Reederei sei. Dr. Arthur Maul hatte eine Passage für September 1989 in Aussicht gestellt.

Ich wurde in die Bezirksbehörde der Volkspolizei bestellt, wo man mir die Visa für meine Frau und mich „zur Ausreise aus der DDR über die Seegrenze" aushändigte.

Wer zu spät reist…
Maritime Metamorphosen
Begrüßungsgeld

Am 25.September 1989 ging ich mit meiner Frau im Hafen von Wismar an Bord des Mehrzweckfrachters „Geringswalde“ zur Fahrt in die Levante. Gesparter Urlaub sollte die geplante Reisedauer von sechs Wochen abdecken.
Wir wussten schon von einer Reise nach Murmansk, wie locker und fröhlich es an Bord für die Freiwachen zuging. Als die Getränkelast gehievt wurde, dachte ich trotzdem immer noch, dass es sich um Exportgut handele. So viel Bier, Wein und Spirituosen wanderten in den Schiffsbauch. Freimütig verkündete ich, dass Hochzeitstag sei, was dann natürlicherweise zur Freigiebigkeit führte, denn der Gratulanten waren viele. Zwanzig „Mann“ stark war die Besatzung, einschließlich der drei Stewardessen und der Bäckerin.
Im Nord-Ostsee-Kanal schliefen wir Passagiere bis kurz vor die Schleuse Brunsbüttel. In der Elbmündung kam der Chief, der auch Parteisekretär war, und fragte, ob der Genosse Böttger heute im FDJ-Lehrjahr etwas über seinen Beruf und die Lage auf dem Autosektor berichten wolle. Ich erzählte ihm, durch welch eigenartige Verkettung wir zu der Reise gekommen seien und dass

ich trotzdem objektiv berichten würde.

Antwerpen war der erste Hafen. Die Matrosen schwärmten uns Gästen vom „Vogelmarkt" im Zentrum vor. Wir sahen die überwältigende Vielfalt von Obst und Südfrüchten, Blumen, Kunst und Krempel, Kleintieren und natürlich Vögeln zum ersten Mal im Leben. Es war wirklich berauschend.

Der Kapitän hatte uns laut Anordnung seines Generals aus der Bordkasse je DM 50, - „Bewegungsgeld" gegeben, als Bestandteil der Gesamtrechnung. - Für die ganze Reise!

Wir wussten nun, dass weder ein Kleinverzehr, noch irgendeine Anschaffung möglich war. Wir hoben das Geld für Eintrittsgelder in Ägypten auf. Infolgedessen besannen wir uns, nur mit den Augen und mit dem Fotoapparat sammeln zu dürfen. Und das genügte uns. An Bord hatten wir ohnehin alles.

In das Rubenshaus kamen wir mit einer Gruppe Matrosen und bestaunten den Reichtum des Malerunternehmers. In die Kathedrale ließ man uns ohne Geld nicht hinein. Kaufhäuser zu betreten, taten wir uns nicht an. Abends saßen wir mit dem Repräsentanten der DSR und dessen Frau auf dem *Grote Markt* und tranken *Trapistenbier*. Es schmeckte hervorragend. Unser Betreuer wies auf eine Kneipe und erzählte, dass Karl-Eduard von Schnitzler neulich gewünscht habe, in diese Gaststätte zu gehen. „Du lieber Himmel", dachte ich, „zu dieser Kategorie gehörst du ja nun wirklich nicht. Und trotzdem hast du diese Reise bekommen. Fällt sie dir vielleicht noch einmal auf die Füße? Aber warum sollte sie?“

Das Schiff nahm gebrauchte Traktoren und gefrostete Brathähnchen an Bord. Die Traktoren kamen gerade vom schlammigen Feld, hier und da war eine Scheibe zerbrochen oder der Motor war verölt.

In der Westerschelde bemerkten wir das schmutzige Wasser mit Papierfetzen. Der Chief erklärte uns, dass Brüssel keine Kläranlagen habe.

Bei Nacht passierten wir Dover und Calais und staunten, wie die vielen Fähren den Schifffahrtsweg kreuzten, ohne dass es zu einer gefährlichen Situation kam.

Ich verbrachte die meiste Zeit auf der Brücke und fragte den Nautikern Löcher in den Bauch.

Bei der Insel Ouessant, die Seeleute sagten „Uschang“, verließen wir den Kanal und durchpflügten ohne Schwierigkeiten die Biscaya. Ich malte mit Pastellkreiden Wellen des herrlich dunkelblauen Wassers.

Als sich das Schiff der Meerenge von Gibraltar näherte, sagte ein Matrose: „Jetzt können Sie Afrika riechen.“ Und da war tatsächlich ein unbekannter feiner Geruch in der Luft.

Die Meerenge lag schon in tiefer Dunkelheit, als backbords der Felsen passiert wurde.

Die große Anspannung der Brückenbesatzung bei dieser Revierfahrt war so deutlich zu spüren, dass ich leise die Brücke verließ.

Vor Antritt der Reise hatte ich in einem Schifffahrtshandbuch über die Wetterstatistik des Mittelmeeres nachgelesen. Da hieß es, dass erst Anfang Dezember im

westlichen Mittelmeer mit Stürmen zu rechnen ist.
Keine Regel ohne Ausnahme. Aus Norden, dem Golf von Lyon, blies ein starker Wind, der sich zum Sturm steigerte. Elfi begab sich in die Koje und war nicht zu bewegen, heraus zu kommen. Kein Mittel gab es, um ihre Seekrankheit zu mildern.
Das Schiff hatte starke Neigung nach steuerbord, weil auf dem Deck eine sehr große Stahlkonstruktion verzurrt war, die wie ein Segel wirkte. Der Sturm kam jetzt aus Nordost. Algier mit der hohen Erdbeben-Gedenksäule war durch das Glas zu sehen. Da entschloss sich der Kapitän zum „Abwettern", das heißt, er fuhr dem Sturm entgegen, so dass das Schiff nur noch stampfte und nicht mehr so sehr rollte oder kränkte. Von der Brücke aus gesehen, schien das Schiff einmal in den Himmel und anschließend in den Orkus schießen zu wollen.
Eine Stewardess erzählte, wie bei einem solchen Sturm in der Biscaya vor einiger Zeit ein Mähdrescher über Bord gegangen war.
Irgendwann musste das Schiff wieder auf Süd-Ost-Kurs gebracht werden; man wollte ja nicht nach Sardinien, sondern nach Syrien. Nun wurde das Schiff vom Heck aus angehoben, was Elfis Probleme noch größer machte. Ich hatte nur leichte Kopfschmerzen, direkt übel war mir nicht. Zwei Tage „Verspätung" brachte der Sturm ein.
Als das Wetter wieder schön war, feierte die ganze Besatzung unter herzlicher Einbeziehung der Passagiere am 7. Oktober den „Tag der Republik". Wenig später

feierte man den „Tag der Seeverkehrs- und Hafenwirtschaft." Es wurde gegrillt, getrunken, Shuffleboard gespielt. Kondome wurden aufgeblasen, achtern in den Wind entlassen und mit Luftgewehren abgeschossen. Was nicht leicht war, weil sie in den Luftwirbeln tanzten. Diese Sportart hieß „Frommsballern".
An Sizilien, Kreta und Zypern vorbei gelangten wir bei schönem Wetter in den Hafen von Latakiya, wo das Schiff 8 Tage liegen musste, weil das Löschen sich durch tausend Hindernisse verzögerte.
Diese syrische Stadt vermittelte die ersten recht lebhaften Eindrücke vom öffentlichen Leben der Menschen im Orient. In meinem Reisetagebuch findet sich dazu diese Stelle:
„Hafenviertel ruhig. 200m weiter das tollste Hupkonzert. Bergreife von den Verkehrsregeln gar nichts. Verkehrspolizist pfeift und droht, weil einer nicht bei Rot fahren will. Der Patriarch mit weißem Bart und Turban guckt nicht nach links und rechts - und kommt durch. Die Schule ist aus, uniformierte Schüler queren schwatzend und lachend den Kreisverkehr, der Polizist sieht weg, alle Autos hupen. Taxis vorn mit mindestens drei, hinten mit mehr Leuten besetzt. – Läden modern und sauber, alle klein, daher mit vielen Spiegeln, raffinierte Beleuchtungen, Chrom, Marmor. Andere Läden garagenähnlich mit Blechrolltor.
Der Schmied in schwarzer Höhle, Eisen und Werkzeuge bis auf den Fußsteig. Wand an Wand der Fleischer. Hat Nische von 1,2 mal 1 Meter. Vorn hängt ein Bullen-Hinterviertel mit Hoden. Vom Knochen schneidet er

das Fleisch in Streifen, nachdem der Kunde es betastet hat. Der daneben hat nur Hammelfleisch. Das Schneidebrett ist von seinen Vätern ausgehöhlt. Der Nächste hat nur Innereien und putzt nebenbei liebevoll sein Moped.
Nase zu, die Fischhändler! Die Fische liegen bis auf den Fußsteig ausgebreitet und werden mit Wasser bespritzt. Die Brühe läuft die Straße hinunter. Gold! Kiloweise sind Armreifen in den Fenstern auf Stangen gereiht. Leder! Paradies für Damen, die Handtaschen lieben. Wunderschöne Baby- und Kindersachen. Palmen, Hibiskus, Oleander an den Straßen und auf dem Mittelstreifen. Gemüse, Gewürze, fast künstlerisch aufgebaut, diese Farben, diese Düfte! ... Als die gebrauchten und ungewaschenen Traktoren gelöscht waren, konnte man unmittelbar am Kai eine Versteigerung auf Arabisch erleben. Kehlig, rau und hart war das Geschrei."

Durch Vermittlung der DSR besichtigten wir mit zwei Seeleuten die ungeheure Kreuzritterburg ***Crak des Chevaliers*** zwischen Tripoli und Homs, ein Zyklopenbauwerk der Franken, von dem wir noch nie gehört hatten.

Unklare Nachrichten über die Staatsführung der DDR machten plötzlich die Runde.
Die DSR-Kombinatsleitung schickte gewöhnlich täglich per Fernschreiber kurz gefasste Mitteilungen über das Geschehen in der Welt und im Lande. Jetzt fielen diese entweder aus oder sie waren so allgemein und umständlich formuliert, dass man zwar annehmen musste, irgend

etwas sei passiert, aber was das war, blieb weitgehend verborgen. Dann wurde bekannt, dass Honecker abgelöst und Krenz der neue Chef war. Nach und nach erkannten alle, die alte DDR war erledigt, und nun würde der „demokratische Sozialismus“ durchbrechen.

Fortan erlebten Elfi und ich die Metamorphose von zwei kampferprobten Genossen, noch mehr, wir erlebten die ganze Niedertracht dieser Führungskader.

Der Kapitän und der Chief, der auch Parteisekretär war, schienen sich verabredet zu haben, ihre Gäste ab sofort zu mobben. Die Männer waren sich nicht zu schade, bei den gemeinsamen Mahlzeiten Sätze loszulassen wie: „Jetzt wird aufgeräumt. Jetzt rollen Köpfe, bis runter zum Betriebsdirektor. Wir dürfen unsere Frauen nur ganz selten mitnehmen, aber sogenannte verdiente Persönlichkeiten kriegen Plätze. Wir mussten unsere Großmutter in der BRD verleugnen, damit wir zur See fahren durften, andere haben nur Privilegien. Wer weiß, was jetzt alles rauskommt, wenn die Betriebe durchforstet werden.“ Und so weiter, und immerfort.

Wir gingen darauf gar nicht ein, mit keinem Wort, wunderten uns nur, dass die beiden, vorher fast liebedienerisch, so feindselig sein konnten. Später, beim Festmachen in Hamburg, präsentierte sich der Parteisekretär mit Frau und Tochter, die erstmals nach Hamburg kommen durften, einem Fotoreporter jener Tageszeitung, über deren „republikfeindliche Propaganda“ er bisher in den Versammlungen gewettert und aufgeklärt hatte.

Hätte die Schiffsführung nicht einfach mit uns diskutieren können? Nein, ihr Niveau gestattete nur Schüsse von der Seite.

Ich ersuchte noch in Syrien Mitte Oktober den Kapitän, mit dem Betrieb und meinem Vorgesetzten telefonieren zu dürfen.

Böse lächelnd verwies der Mann auf das ausdrückliche Verbot, außerhalb eines bestimmten Funkbereiches von Rügenradio „Privatgespräche" zu führen oder Telegramme abzusetzen. Gegen meine Einwände, dass ich so schnell wie möglich Kontakt mit meinem Betrieb haben müsse, es sich nicht um ein Privatgespräch handele, dass man bitte prüfen müsse, ob ein Rückflug in die DDR möglich sei, wiederholte der Kapitän seine Vorschriften und versagte jede Kooperation. Er meinte lakonisch, dass ich die 1000,- Westmark für den Flug sowieso nicht hätte, also wolle er solch eine Frage gar nicht erst an den Generaldirektor der DSR richten.

Unsere Stimmung im weiteren Reiseverlauf ist schwer zu beschreiben.

Alles, was wir Interessantes, Schönes und Erhabenes sahen, wirkte für Momente stark auf uns ein und gleich überschatteten Ängste den Genuss. Die Ungewissheit, was gerade im Betrieb passiert, wie die Abwesenheit des Chefs sich auswirken könnte, wie sich die Kinder wohl sorgten, wohin das Ganze gehen wird, das waren die wiederkehrenden Gedanken. Unser Sohn Thomas hatte sich mit seiner Frau und seinen beiden kleinen Jungen zu Susanne in unser Haus für die Dauer der Reise einquartiert. Wir konnten zu den Kindern keinen Kontakt aufnehmen.

Von Latakiya lief das Schiff am 27. Oktober nach Alexandria aus. In der Nacht gab es Feueralarm. Die Feuerrolle war vorschriftgemäß geübt worden Das Signal lautete viermal „kurz kurz"; nun aber sagte der Kapitän durch den Lautsprecher in der Kabine: „Das ist ein Ernstfall!"
Ich beruhigte meine Frau; wir zogen uns schnell an, schnappten wenige wichtige Sachen, die Rettungswesten, die Pässe lagen beim Kapitän, und begaben uns zu dem festgelegten Treffpunkt. Das war die achtern liegende Krankenstation. Den Befehl hatte dort eine Stewardesse. Da keine Informationen über Ort und Ausmaß des Brandes kamen, bot ich an, mich umzusehen. Sie hatte nichts dagegen. Zuerst stellte ich fest, dass ringsum Positionslichter von Schiffen in der klaren Nacht zu erkennen waren, was ich den Frauen sofort zu ihrer Beruhigung mitteilte. Dann stieg ich von achtern her auf das Peildeck und konnte von oben in eine offene Ladeluke sehen, aus der nur noch weißlicher Qualm oder Wasserdampf aufstieg. Leute in Schutzanzügen und behelmt liefen darin umher. Der Laderaum war leer. Es hatte sich, wahrscheinlich durch die Vibrationen des Schiffskörpers, ein Haufen Ölspäne, der an die Bordwand gefegt und leider liegen gelassen worden war, entzündet. Die Stärke des Feuers reichte aus, dass die Farbe außenbords auf ca. 2 m^2 gebrannt hatte und auf circa 20 m^2 zu schwarzen und braunen Blasen zusammen geschmolzen war. Während der Fahrt ließ man den optischen Schaden reparieren, so dass er den Behörden in Alexandria nicht auffallen konnte.

Der Kapitän sprach mich mit säuerlicher Miene an, dass er wisse, ich schreibe Tagebuch. - Woher wusste der das?- Es wäre zu wünschen, der Alarm würde darin nicht geschildert. Ich sicherte zu, über diese „Übung" weder zu schreiben noch zu reden. Bis hierher habe ich das eingehalten.

In Alexandria lag das Schiff 6 Tage. Das Wasser des Hafens war schwarz. Ein Matrose meinte, es handele sich um eine „Emulsion aus Öl und Scheiße". Er machte auf Leichter aus Stahl aufmerksam, in deren Hohlräumen an Bug und Heck Menschen hausten, Familien und Männergemeinschaften, die als Stauer dienten und keine andere Bleibe hatten. Man würde ihnen Essen und Wasser bringen, aber sonst würden sie die Pontons nicht verlassen. Der schwarze Streifen an der Wasserlinie des Schiffes wurde mit dem Löschen des Schiffes immer breiter, weil es sich langsam aus dem Wasser hob. Er war dann auch durch das ganze Mittelmeer zurück und weiter bis nach Antwerpen haften geblieben, trotz erneuten Sturmes. Man diskutierte darüber, wie lange es dauern mochte, bis der Umweltgedanke auch hier Platz greifen würde.
Von der Stadt lernten wir die inneren Bereiche mit dem Basar und die Gegend an der langen Strandstraße oder Hotelmeile, mit dem noch sichtbaren Teil eines antiken Hafens kennen. Das Museum „Pharos" war geschlossen. Ein überaus quirliges Leben, Menschenmassen und ständig hupende Autos in großer Zahl, verschleierte Frauen und stolze Schönheiten in westlicher Kleidung,

schreiende Händler und Kutscher, Rufe der Muezzins sorgten für unvergessliche Eindrücke und seltsame Empfindungen.

In einem Taxi durften wir zusammen mit dem zweiten Offizier und einem Jungmatrose, dem „Moses“ durch das Nildelta nach Kairo fahren. Der Repräsentant der DSR hatte das arrangiert.

Zweihundertfünfzig Kilometer ging es durch Land mit schwarzbrauner Erde, abgeerntete Baumwollfelder, Dörfer mit würfelförmigen Häusern, auf deren Dächern Maisstroh, Reisstroh oder Zuckerrohr in dicken Haufen lag. Der Fahrer nannte zwei Städte, die eine oder zwei Millionen Einwohner haben sollten, und die uns völlig unbekannt waren.

Und immer wieder Wassergräben und Pumpräder mit eingespannten Ochsen, Palmen und saftig grüne Pflanzungen.

Als man auf einer dreispurigen Straße zu fünft nebeneinander rollte und hupte, sagte der Fahrer: „Welcome to Kairo.“

In Kairo fuhr das Auto zum Ägyptischen Nationalmuseum. Nach kurzer Einigung beschränkte sich die Gruppe auf die Säle, welche die Grabbeigaben des Tutenchamun und seinen Goldsarg mit der Goldmaske beherbergen. Vor deren Vitrine wurden die Besucher durch Polizisten, bewaffnet mit Kalaschnikow, sanft weiter getrieben, so dass keine eingehende Betrachtung möglich war. Scheinbar unendlich reihten sich die Wandvitrinen, Glastische und größeren Objekte allein aus Carters Sensationsfund. Unser Aufnahmevermögen

erschöpfte sich. Ich sah, man braucht Wochen, um nur einen Blick auf die Objekte aus allen Reichen und Dynastien werfen zu können.
Dann ging es nach Gizeh zu den Pyramiden. Unterwegs gab es etwas zu lachen. An einer Tankstelle stiegen wir aus. Der hellhäutige Moses hatte kurze Hosen an. Eine Mädchenschule entließ gerade ihre schwarzhaarigen Schülerinnen in weißen Blusen und dunkelblauen Faltenröcken. Als sie den rötlich schimmernden Flaum an den Waden unseres Moses sahen, amüsierten sie sich und kicherten. Ungeniert fingerzeigend machten sie die restlichen Schülerinnen aufmerksam.

Ich nahm es auf mich, die Cheops-Pyramide zu betreten. Durch die 80 m lange Galerie, in der man nur mit gebeugtem Oberkörper und angewinkelten Beinen aufwärts steigen kann, gelangte ich in die Grabkammer des Pharao Chufu. Ein leerer Granitsarkophag ohne Deckel, die beiden kleinen seitlichen Öffnungen der aufsteigenden Kanäle und die genau gefügten Granitplatten der Decke, wie auch die Quader der Wände prägten sich mir fotografisch ein. Die Sonne der Jahrtausende muss die riesige Masse des Bauwerkes völlig durchwärmt haben, denn ich war schweißgebadet.
Lange Zeit saßen wir beide vor der Sphinx, mit den zwei großen Pyramiden im Hintergrund und schwiegen, - klein vor den Werken der Menschen die zu Anfang der geschriebenen Geschichte gelebt haben.
Zurück nach Alexandria fuhr der Fahrer über eine Straße durch die Wüste, so dass wir einen kleinen Eindruck

von der Sahara, aber auch von den Bemühungen um deren punktuelle landwirtschaftliche Erschließung bekamen. Der Sonnenuntergang und das in tausenden Lichtern schillernde Alexandria, gespiegelt in dem Mareoti-Salzsee, verschafften uns einen wundervollen Abschluss der Tagesreise.

Auch in diesem Hafen beeilte man sich nicht mit dem Löschen. Als die große, für eine Gießerei bestimmte Stahlkonstruktion gelöscht wurde, wollte keiner glauben, dass der alte LKW nur eine Sekunde der Last standhalten würde. Er tat es und fuhr verdächtig schaukelnd und ächzend mit dem Monstrum davon. Die tiefgefrorenen Hähnchen wurden erst am Freitag abgeholt, so dass der ägyptische Importeur das Schiff fast eine Woche lang als kostenloses Tiefkühlhaus hat benutzen können. Das Zeitlimit der Reisenden schmolz dahin.

Am 30. Oktober verließ das Schiff Alexandria mit dem Ziel Limassol auf Zypern.
Dort wurden Zitrusfrüchte geladen. Das dauerte zweieinhalb Tage.
An Bord erschienen der Repräsentant der DSR, Genosse Schönrock und seine Frau zu unserer Begrüßung. Die beiden Frauen fielen sich nach kurzem Aufschrei lachend in die Arme. Sie waren in Rostock Arbeitskolleginnen gewesen. Diese guten Menschen nahmen uns mit in ihre Wohnung und ließen uns von ihrem Dienst-Apparat aus die Kinder anrufen. Es war der 1. November, der Geburtstag der Susanne. Nach der kurzen Gratulation übernahm der Thomas und sagte mir, dass ich

mit Schwierigkeiten in Rostock zu rechnen habe. Und, ob ich denn überhaupt wiederkäme mit der Mama? Das konnte ich mit Sicherheit bestätigen und, dass nichts, aber auch gar nichts zu befürchten wäre. Er, der Thomas möge den Stellvertreter, Herrn Schulze, kurz informieren, dass die Reise sich verzögere.

Wir sahen Paphos, den Felsen beim „Geburtsort der Aphrodite“, das Amphitheater von Curion. Dort näherten wir uns einer westdeutschen Reisegruppe und hörten die Erklärungen des Reiseleiters mit an. Ein Mann aus der Gruppe stieg hinab auf das Proszenium und las einige Strophen in Altgriechisch, wahrscheinlich aus einer Tragödie. Unglaublich für uns, das zu sehen und zu hören. Wie oft war ich auf der Landkarte oder eine Fotografie betrachtend in Gedanken an einem solchen Ort gewesen. Die intellektuell anmutende Gruppe applaudierte gemessen und lobte die Akustik.
Ich war bewegt.
Wir erlebten auch ein wundervolles Abendessen mit der Mannschaft in einem zypriotischen Restaurant, wo Fische, Meeresfrüchte, Lamm, Gemüse, Mehlspeisen und Wein bis zum Abwinken serviert wurden. Erst zwanzig Jahre später erfuhr ich auf Zypern, dass diese traditionelle Speisenfolge *Mehse* heißt.

Die sechs Wochen Urlaub waren verstrichen, als das Schiff Limassol verließ.
Ich hatte alles wie durch einen Nebel gesehen, wie in einem Traum, während dessen man schon befürchtet, dass das Erwachen schlimm werden kann. Elfi bestätigte

ähnliche Empfindungen.

Das nächste Ziel war der Hafen Barry in Südengland. Weiterhin war es mir nicht möglich, den Vorgesetzten und den Betrieb über den Grund für mein Nichterscheinen zu informieren.
Um mich abzulenken, malte ich mit Pastellkreiden, was ich gesehen hatte.

Mit Überwindung verfasste ich die versprochene lange Ballade über alle lustigen Erlebnisse für das Brigadetagebuch der Mannschaft. An einem der letzten gemeinsamen Abende las ich sie vor und erntete großen Beifall. Keiner der Matrosen und auch keiner der unteren Ränge unter den Nautikern und Technikern hatte seine Haltung zu uns beiden infolge der politischen Ereignisse geändert. Alle waren freundlich geblieben. - Man wusste an Bord seit dem 10.11.89, dass die Grenze zur BRD offen war.
Am 12. zeigte sich die Küste von Cornwall und das Schiff machte in dem Schleusenhafen von Barry am Abend fest. Nachdem die Schleuse geschlossen und die Ebbe vollendet war, lag der Wasserspiegel des Hafens 12 Meter über dem Schlick des Bristol Channel. Das entspricht dort dem mittleren Tidenhub.
Am 16.11. lag das Schiff wieder im Hafen von Antwerpen. Der Kapitän teilte uns mit, dass er von hier aus über Hamburg nach Südschweden gehen müsse, dass sei eine neue Order der DSR. Ich sagte, dann könnten wir ja in Hamburg absteigen. Nein, so der Kapitän, sein Auftrag laute, die Passagiere in Wismar, wohlgemerkt nach dem Besuch in Schweden, an Land zu bringen.

Ich ließ mich auf keine weitere Diskussion ein, sondern meldete mich zum Landgang ab. Weil ich kein Geld hatte, eilte ich zu Fuß in die Altstadt, wo ich die Vertretung der DSR wusste. Dort ließ ich mich mit dem Sekretariat des Generaldirektors der DSR in Rostock verbinden und bat, man möge dem Kapitän die Weisung erteilen, mich und meine Frau in Hamburg von Bord zu lassen. Dann rief ich meinen Stellvertreter an und sagte ihm, dass ich am Montag den Dienst antreten würde. Schulze riet, dass ich doch lieber noch zu Hause bleiben solle, er käme erst einmal am Montag zu mir. Ich dachte, dass ich schon abgelöst sei. Angst vor etwas Unbekanntem stieg in mir auf.
Als ich nach langem Marsch wieder an Bord war, hatte der Kapitän die Weisung schon.

In der Nordsee, nun im Nahbereich von Rügenradio, durfte ich telefonieren und an Gwosdz ein Telegramm schicken. Meine Sekretärin, Frau Fischer, mochte und schätzte ich sehr. Als ich ihr mitteilte, ich käme am Montag, brachte sie nur ein „Ach Gott." heraus. Da musste ich denken, dass für mich schon alles aus war. Die Frage, warum sie so ängstlich reagiere, verkniff ich mir.

In Hamburg, Afrika-Höft, Schuppen 55 gingen wir am 19.11. 1989, dem 56ten Tag der Reise, mit zwei Handkoffern von Bord und wanderten zu Fuß aus dem Hafen über die Elbbrücken zum Hauptbahnhof. Das restliche Gepäck ließen wir an Bord, um es später in Rostock abzuholen. Wir hatten nicht eine DM in der Tasche, wussten nicht, wie wir die Fahrkarten nach Rostock

bezahlen sollten. Der Schalterbeamte sagte, wir sollten doch das Begrüßungsgeld abholen. Ich fühlte mich gedemütigt, aber es blieb nichts anderes übrig. Der Beamte schoss uns eine D-Mark für ein Schließfach vor.
Im sonntäglichen Hamburg, das uns wie frisch gewaschen vorkam, hatten die Banken offen. Herren in dunklen Anzügen und schicke Damen schenkten Tee oder Kaffee an die DDR-Bürger aus, boten Sandwiches und Plätzchen an. Schnell waren wir im Besitz von 200,- DM. Wir spazierten bis zum Fischmarkt, der noch nicht abgeräumt war. Wir sahen den Trubel und die Angebote, aber wir empfanden nichts, redeten wenig.
Unsere Beklemmung brauchten wir uns nicht gegenseitig zu schildern.
Am Abend schlossen wir mit großer Rührung die Kinder und die kleinen Enkel Karl und Kurt in die Arme.

Trotz der persönlichen Angriffe der Schiffsführung fühlte ich mich mit der Reise zu Recht belohnt. Es war für mich ein Privileg im Sinne eines Sonderrechtes, erworben durch eine bestimmte Leistung mit nachhaltigen Wirkungen.
Erinnert sei an meine Auffassung, dass die Gründung des Betriebes ohne Beeinträchtigung Anderer ein *Vorzug,* also auch ein Privileg war. Solche Arbeit vollbringen zu dürfen war für mich ein Privileg! Auch hatte ich wegen der Reise keine Skrupel, weil ich keine Gegenleistung erbrachte, etwa die vorfristige Lieferung eines Autos und weil ich schließlich alles bezahlte.

Der Begriff *Privileg* wurde in der Wendezeit besonders negativ befrachtet. Aber das änderte nichts an meiner Meinung über das genossene Sonderrecht. Ich hatte ziemlich hartnäckig dem Leistungsprinzip persönlich auf die Sprünge geholfen, denn es wurde im System DDR durchgängig verletzt. Zum Beispiel verdienten Industrie-Meister in der Regel weniger als ihre besten Arbeiter. Leitungskader konnten gelegentlich bei ihrem Vorgesetzten nachfragen, ob eine Gehaltserhöhung möglich sei. Der aber war an eine Rahmenrichtlinie gebunden. Das Gehalt blieb daher auch bei gutem Willen stets auf einem lächerlich niedrigen Niveau. Ein Vergleich mit Gehältern von Geschäftsführern in der BRD wäre aberwitzig. Ich bekam im Jahre 1988 monatlich 1.900,- DDR-Mark - brutto. Davor war es weniger. Obendrein wurde im Handel schlechter bezahlt als in der Industrie, die wiederum gestaffelte Tarife nach Branchen hatte.

Rechtfertige ich mich hier etwa? Nein, ich erläutere meine Gedanken zu der Reise.

Der Stuhl ist noch da
Dialog und kleiner Terror
Auf in die Marktwirtschaft
Abschied

Wie verabredet kam Schulze am Montagmorgen zu mir. Er brachte den Parteisekretär und Wolfgang Klipstein mit.
Ich begrüßte die traurig dreinblickenden, irgendwie fremd wirkenden Kollegen, laut und herzlich. Als alle Platz genommen hatten, fragte ich mit gemachter Lässigkeit:
„Bin ich abgelöst?"
„Nein."
„Gut, dann legen wir fest, dass morgen früh um 9.00 Uhr das Leitungskollektiv zusammen kommt, damit ich meine Erklärung abgeben kann und über die Situation aller Bereiche informiert werde."
Schulze darauf: „Willst du nicht noch ein paar Tage warten?" Ich habe nie herausgefunden, warum ich noch warten sollte. Hoffte der Stellvertreter vielleicht, mich doch noch beerben zu können? Oder tat ich dem Manne Unrecht mit solchem Verdacht?
„Morgen früh bin ich da!", erklärte ich.
Nachdem die drei das Nötigste berichtet hatten, gingen sie.

Ich nahm mir in der Nacht vor, nur noch mit einem verbindlichen Lächeln aufzutreten. Im Westfernsehen konnte man ja immer wieder beobachten, wie die Politiker lächelten, selbst wenn sie angegriffen wurden. So muss man es machen, nicht wie das mürrische Politbüro, dachte ich.
Das Oberlippenbärtchen, zu dem mich die Seeleute überredet hatten, unterstrich das Lächeln, weil es dabei in die Breite gezogen wurde. Vor dem Spiegel beobachtete ich die Wirkung.
So betrat ich mein Vorzimmer, so ging ich in alle Büros, um mich bei den Damen charmant zurück zu melden. Ich ließ kein Lamento aufkommen. Man war heiter, - an der Oberfläche.
Gwosdz war erleichtert am Telefon. Ich sagte von mir aus, dass ich unverzüglich einen Bericht wegen der Urlaubsüberziehung einreichen werde.

Dass ich von Seiten des Leitbetriebes sowie meines Generaldirektors keine Vorwürfe erhielt, kennzeichnet die Tatsache, dass keiner die tiefgreifenden politischen Ereignisse vorhersehen konnte. Sonst hätte man mich nicht reisen lassen. Auch das MfS hätte die Reise verhindert; das Innenministerium hätte kein Visum erteilt.

Zur Leitungssitzung erschienen zwei Kollegen, die nur zum erweiterten Kreis gehörten. Sie erklärten mir, sie hielten es für notwendig in Vorbereitung eines neuen Betriebsrates eingebunden zu werden. Ich fragte freundlich, ob denn die Betriebsgewerkschaftsleitung aufgelöst sei? Nein, aber das werde sicherlich bald kommen. Ich

ließ die Herren sitzen. - Die Anrede „Genosse“ war schon abgeschafft.
Die Reise, warum, woher, warum so lang, alles legte ich sachlich dar und erklärte das Kapitel für erledigt.
Dann wurde ich politisch und verkündete, dass ich zwar für den Erhalt des Staates unter wirklich demokratischen Verhältnissen wäre, im Gegensatz dazu aber fast gewiss sei, nun habe man sich mit allen Konsequenzen auf Marktwirtschaft einzustellen. An den Betrieb werde die Frage der Produktivität jetzt aus ganz anderer Sicht gestellt, sie stelle sich quasi von selbst. Man solle sich vertraut machen mit den Strukturen westlicher Handelsbetriebe. Ich bezweifle, zum Beispiel, dass es dort Planstellen gäbe, die hier per Gesetz existierten und nicht an der Wertschöpfung teilnähmen, also unproduktiv seien. - Die selbsternannten Betriebsräte zählten dazu. Es handelte sich um den Gütekontrolleur und den Sicherheitsinspektor.- Im Übrigen wolle ich für den Erhalt der Arbeitsplätze kämpfen. Der Betrieb brauche Umstrukturierung und neue Konzepte. Die teure PKW-Waschmaschine zum Beispiel solle schleunigst für den öffentlichen Gebrauch zugängig gemacht werden, damit sie Geld verdiene. - Man war verblüfft. Ich zeigte mein verbindlichstes Lächeln.
Die wichtigsten Themen waren: Wie schnell ist Ware aus dem Westen zu bekommen, vor allem Fahrräder? Wenn man Ware bekommt, wie wird sie bezahlt?
Wie entledigt man sich der unattraktiven Artikel, die in großen Beständen vorhanden waren? Die komischen Sturzhelme könne man wahrscheinlich nur noch

schreddern lassen.
Am Schluss meldete sich der künftige „Betriebsrat". Man wolle, wie in anderen Betrieben auch, den Dialog zwischen Belegschaft und Betriebsleitung. Dafür sei schon der Saal der alten Messeleitung bestellt. Termin wäre Donnerstag nächster Woche 14.00 Uhr.
„Donnerstag passt, aber solche Sachen finden nach der Arbeit statt, also 16.30 Uhr!", erwiderte ich und lächelte. Schulze nickte, die Herren schluckten.
Als der Raum bis auf die drei von gestern leer war, sagte Schulze: „Du bist eben aus anderem Holz." Ich hatte für einen Moment den Eindruck, als hätte er „bedauerlicher Weise" hinzufügen wollen.
Am 30. November kam es zu der Betriebsversammlung, wo man den Dialog pflegen wollte.
Die 150 Stühle waren besetzt, viele Leute standen.
Ich begrüßte und warb um Zustimmung zu der Erklärung „Für unser Land" vom 26.11.1989, in der sich Kulturschaffende wie Christa Wolf, Stefan Heym, Stephan-Hermlin, Wissenschaftler und andere Persönlichkeiten gegen „ökonomische Zwänge", die „Vereinnahmung durch die Bundesrepublik Deutschland" und für die Entwicklung zu einer „solidarischen Gesellschaft" in der DDR erklärten.
Ein Mann, hier soll er Herr Jago heißen, schrie wütend, dass er das nicht unterschreiben werde. Jago hatte seit einigen Jahren das „Parteilehrjahr" im Betrieb geleitet. Dieser Genosse hielt seine Vorträge zu den von der SED vorgegebenen Themen immer mit salbungsvoller Stimme, ja, pathetisch. Für mich gingen dessen Auftritte

über den guten Geschmack. Nun vermasselte er mir den Einstieg in die Versammlung und erntete allgemeinen Beifall. Ich legte aber unbeirrt dar, was ich voraus sah: „Es ist klar, wohin das geht. In der Marktwirtschaft wird es keinen volkseigenen Handelsbetrieb geben. Wir werden uns gewaltig anstrengen müssen, wenn wir nicht mehr das Monopol im Fahrzeughandel haben werden. Konkurrenz wird entstehen. Und wenn hier ein Unternehmer einziehen sollte, zieht die Demokratie erst einmal aus. Dann wird *gesund geschrumpft* und es gibt nur ein Ziel, den Profit. Alles andere hat sich unter zu ordnen. “

Der Maler Timm rief: „Jetzt will er uns schon wieder Angst machen!“

„Nein, nein, Sie werden es bald merken, dass es so kommen wird. Es hat keinen Zweck, die Augen zu verschließen und auf Wunder zu warten. Bald werden die Leute alles kaufen können, reisen können und nur ein Problem haben, nämlich wo sie das Geld dafür herkriegen.“, beharrte ich.

Das wollte offenbar niemand vertiefen, sondern man war in Erwartung einer Abrechnung mit dem System und seinem Repräsentanten im Betrieb gekommen. Und so begann eine Art Tribunal gegen mich. Merkwürdig war, dass keiner der Wortführer dem Betrieb seit Beginn angehörte.

Die „Privilegien“, die Distanz, „eine Mauer“, zwischen dem Kollektiv der Kaufhalle und mir, die Reise, woher das Westgeld, mein „eigener Parkplatz“, der „ominöse Sonderfonds“, waren die Hauptthemen. Ich antwortete

geduldig auf alle Fragen und verbat mir jedoch allzu persönliche Zudringlichkeiten.
Plötzlich bemerkte ich, dass ein mir unbekannter Mann sich aus der Mitte des Raumes erhob und ging. Ich fragte, wer das gewesen sei. Jago meinte, das sei vielleicht ein Journalist gewesen, aber er habe keine Ahnung, wer und wieso hier. Schulze blickte zu Boden.
Ich konnte mich am Ende zwar nicht als Sieger fühlen, aber Klipstein sagte zu mir: „Du hast dich gut geschlagen."
Nach ein paar Tagen erschien in den „Norddeutschen Neuesten Nachrichten" ein Artikel, der für mich vernichtend klang. Er strotzte von ungeprüften, unsinnigen und vor allem unwahren Behauptungen. Noch in der Nacht begann der Telefonterror gegen mich und am Morgen war mein Bürogebäude beschmiert mit der Forderung:
„Der korrupte Direktor Böttger muss weg!"
Ich rief den Chefredakteur an, beschwerte mich über den Artikel und berichtete, welche Auswirkungen der habe. Das sei ja Rufmord, meinte der Journalist; er werde mit dem Verfasser des Artikels sprechen.
Ich fand einen Zeitungsausschnitt mit dem Interview, das Schulze und Jago der „NNN" vor meiner Rückkehr gegeben hatten. Der heimliche Besucher der Versammlung war auch der vormalige Interviewer, also doch bekannt. Wer hatte den Tipp mit der Versammlung gegeben? Es konnten beide, Jago oder Schulze gewesen sein.
Ich rief diesen Mann selber an und drohte mit Verleumdungsklage, wenn er nicht morgen um zehn in meinem

Büro erscheine. Er kam. Ich sorgte für Zeugen und nahm den Artikel auseinander. Ich sagte, dass ich mich nicht erinnern könne, je von einem Menschen so beleidigt worden zu sein. Der Reporter meinte, dass man jetzt mit der Pressefreiheit leben müsse, es ihm aber leid täte, wenn er zu weit gegangen sei, weil er nicht zu Ende recherchiert hätte. Er diktierte darauf meiner Frau Fischer eine lange Gegendarstellung und legte sie mir und den Zeugen zur Durchsicht vor. Ich hatte zugestanden, dass nach allem, was die DDR-Führung dem Volk angetan hatte, Blitzableiter wie eben ich selbst, die Wut der Menschen abzufangen hätten. Als die Gegendarstellung erschienen war, sagte die nächtliche Stimme am Telefon: „Von wegen Blitzableiter, du Schwein bist auch noch dran.“ Ich konnte es mir nicht leisten, nachts nicht ans Telefon zu gehen, es hätte ja etwas mit dem Betrieb sein können. Also bat ich die Polizei um Hilfe. Man entgegnete mir, dass die zehn Geräte zur Telefonüberwachung wegen ganz anderer Bedrohungen im Einsatz seien.

Als ich mit meiner Frau in der Silvesternacht nach Hause kam, klingelte das Telefon und die markante Frauenstimme betonte das Zungen-R auf eine mir erinnerliche Weise. Da sagte ich lachend: „Ach Sie, - du dumm…. jetzt hätte ich fast etwas Unfeines gesagt. Sieh da, die Frau Sch….“ Aufgelegt! Es war die Frau eines ehemaligen Mitarbeiters, eine Lehrerin. Den Mann hatte ich wegen Vertrauensbruches von seiner Funktion entbunden und ihm bei gleichem Gehalt eine andere angeboten, die er aber nicht annahm. Er verließ den Betrieb. Ich hatte ihn aus meiner direkten Umgebung entfernen

müssen. Private Westbesuche waren mir von dem Manne nicht gemeldet worden, obwohl er als Geheimnisträger über die Meldepflicht belehrt war.
Die nächtlichen Anrufe hörten ab Neujahr 1990 auf.

Gleich nach meinem Dienstantritt beriet ich in Sondersitzung mit meinen Leuten über Stand und Weiterführung des Baues der Superhalle in Schmarl. Es würde ja nun gewiss kein „Regionallager Nord für Trabant- und Wartburgersatzteile" mehr werden. Die Staatsbank hatte sich noch nicht gemeldet und auch das Kombinat machte zur weiteren Finanzierung noch keine klaren Aussagen. Es galt jetzt, die zehntausend Quadratmeter mindestens dicht zu bekommen, damit man sie eventuell anders verwenden könnte.

Ich hatte Kontakt mit einem der bedeutenden Auto-Teilehändler in Norddeutschland, Matthies, aufgenommen und besuchte den Mann in Hamburg, um mir ein Bild zu machen, wie im Westen so ein Großhandel funktioniert.
Ich saß dem sympathischen Mittvierziger gegenüber, der gleich in den Smalltalk einflocht, dass er in den USA studiert habe. Auf dem Tisch lag, für mich umgekehrt, eine „Studie über die Entwicklung des Ersatzteilbedarfs nach der Grenzöffnung". Ich hatte Zeit den Titel zu entziffern, denn der Gastgeber erzählte lang und breit, dass schon sein Vater und Großvater gute Geschäfte in Mecklenburg und Pommern gemacht hätten, und nun wolle er an diese Tradition anknüpfen. Er führte mich zum Fenster und zeigte auf die lange, exakt ausgerichte-

te Reihe seiner Lieferfahrzeuge. Es war etwa 16.00 Uhr. Ein Transporter verließ eben den Hof. Herr Matthies informierte, das sei eine Nachlieferung, die der Besteller vor einer halben Stunde aufgegeben habe. Der Warenwert der Ladung betrage 18,65 DM.
„Glauben Sie, Herr Böttger, dass Sie sich das werden leisten können?"
Ich erwiderte nichts dazu, sondern meinte, ich würde gern einmal einen Blick in diese Studie werfen. Herr Matthies darauf: „Legen Sie zwanzigtausend Mark auf den Tisch, dann dürfen Sie hinein sehen, denn vierzig hat sie gekostet."
Ich hatte von der großen Halle erzählt. Matthies zeigte mir seine relativ kleinen Lagerräume und erklärte, dass die Produzenten bei Bedarf täglich liefern würden. Er könne seine Bestände nicht nur täglich am Rechner, sondern auch körperlich überblicken. Wenn er in Italien Blechteile fertigen ließe, habe er Ausweichlager. Am Schluss wusste er, dass er seinen Gast geschockt hatte und sagte: „Herr Böttger, wir werden für Sie eine faire Konkurrenz sein, aber Sie können uns auch ein Stück in ihrer Halle geben und wir machen es allein."
Mit Haltung machte ich einen guten Abgang. Aber im Auto fiel mir die Kinnlade herunter.

Meinem Fahrer gab ich den freundschaftlichen Rat, er möge sich beizeiten umorientieren. Geschäftsführer, die ich im Westen sähe, führen alle selber, weil ein Fahrer zu teuer sei. Ich ließ ihm Zeit. In gleicher Weise sprach ich mit den Betriebshandwerkern und fand Zustimmung. Sie kamen alle in Baubetrieben unter. Der Maler Timm schimpfte nicht mehr mit seinem Direktor, weil langsam sichtbar wurde, wer richtig voraus blickte.

Als auf dem Parteitag der SED im Dezember die alte Führung zurück trat, Gregor Gysi der neue Vorsitzende wurde, und sich keine Auflösung der SED, sondern die Umbenennung der Partei abzeichnete, trat ich aus. Ich war für Auflösung.

Eines Tages las ich vom Vorsitzenden des Landesverbandes der CDU, Günter Krause. „Ist das Dr. Krause von der TH Wismar?“ Ja, wurde mir bestätigt. Diesen Dr. Krause hatte ich Ende 1988 auf eine Empfehlung hin mit der Entwicklung von Software für das Regionallager beauftragt. Die Prüfung des Ergebnisses durch den zentralen staatlichen Rechenbetrieb in Leipzig ergab jedoch, das Programm könne die Verwaltung des Lagers nicht bewältigen. Noch im Sommer 1989 bat Krause persönlich um vorfristige Realisierung seiner LADA-Bestellung. Ich musste ablehnen, weil sie zu jung war. Ein Jahr später handelte dieser Krause mit Schäuble den Einigungsvertrag zwischen DDR und BRD aus. Auf einem „Rostocker Unternehmerball“ begrüßte ich ihn im Herbst 1990 mit „Herr Bundesminister“.

Wir dachten oft: „Verrückte Zeit und ich bin dabei.“

Die Verordnung der Modrow-Regierung zur „Umwandlung der volkseigenen Kombinate, Betriebe und Einrichtungen in Kapitalgesellschaften“ vom 01.03.1990 lesen und sofort Schritte einzuleiten, war für mich *eine* Sache. Eine Vollversammlung der Gewerkschafts-

Vertrauensleute beschloss die Zustimmung zum Austritt des Betriebes aus dem Kombinat und beauftragte mich mit der Durchführung. Meine Konzeption über die möglichen Varianten der künftigen Betriebsstruktur hatte ich eindringlich vorgetragen. Ich legte die Termine so, dass dieser Beschluss einen Tag vor der Versammlung der IFA-Vertriebe mit dem Generaldirektor in Leipzig gefasst wurde. Um noch nach Leipzig zu kommen, musste ich die Versammlung verlassen. Entsprechend der Tagesordnung sollte nachmittags über den künftigen Geschäftsführer eine Vertrauensabstimmung erfolgen. Ich verkalkulierte mich nicht. In meiner Abwesenheit sprachen sich die Leute einstimmig für mich aus.

Meine wichtigen Leute und ich arbeiteten rastlos. Konzeptionen, Verhandlungen mit Lieferanten, die am Ende für jede einzelne Lieferung eine Bankbürgschaft haben wollten, Verhandlungen mit der Bank, Kontakte und Verhandlungen mit Autokonzernen und Importeuren, Studium des BGB und des Handelsgesetzbuches, Schulungen, die GmbH-Gründung, zunehmende Personalprobleme, alles stürzte gleichzeitig auf uns ein. Die Einführung der DM war eine finanztechnische Erleichterung. Dass sie zugleich das Aus für den größten Teil der ostdeutschen Industrie herbei führte, merkten wir wenig später. - Die Deutsche Bank hatte von der Staatsbank der DDR auch die Konten unseres Betriebes übernommen und schaltete sich nun massiv in das Betriebsgeschehen ein, was schon weniger bequem war.

Aber die Ökonomen konnten Details immer noch mit den gleichen Leuten in der Bank besprechen.

Manager und Sondierer gaben sich bei mir die Klinke in die Hand. Einer kam wiederholt und sagte schon im Dezember 1989 zu mir: „Übrigens, diese Leute möchten Sie gerne auf ihre Gehaltsliste setzen." Wer das war, ließ er noch im Dunkeln. Ich sagte: „Wenn ich Ihre Terminologie richtig anwende, wäre das *Vorteilsnahme*. Danke!"

Alle wollten ihre Claims abstecken. Drei leitende Mitarbeiter und ich wurden mit dem Firmenflugzeug eines großen Auto-Importeurs abgeholt, umworben und bewirtet.

Der Sohn des Unternehmers kam später zu dem großen Abendessen hinzu. Er habe mit seiner Maschine soeben einen guten Flug von Wien her gehabt, teilte er gestenreich mit. Dann sah er sich zu einer Unterweisung der aus dem Osten angereisten Planwirtschaftler verpflichtet. Er machte uns klar, dass wir die Kämpfe in der Wirtschaft wie jene in der Natur zwischen stärkeren und schwächeren Tieren betrachten müssten. Klipstein knurrte etwas, ich trat ihm auf den Fuß. Der junge „Volkswirtschaftler" erhielt kein *Feedback*. Der Prokurist lenkte das Gespräch geschickt auf Japan, wohin er uns alle bringen werde, wenn man erst einmal richtig im Geschäft wäre.

Nach dem Abendessen ließ der Gastgeber Zigarren reichen. Ich dachte, paff doch auch mal eine. Die Bedienung flüsterte mir zu: „Die kostet siebzig Mark." Vor

Schreck nahm ich eine kleinere. Die verschwenderischen *Geschäftsessen* erstaunten mich in der Folge immer wieder. Finanzminister Weigel tat später Recht, dem Treiben strengere Regeln anzulegen.

Es entwickelte sich etwas. Ich gründete vier Autohäuser und übergab deren Leitung den Mitarbeitern, die das gerne wollten. Diese *Profitcenter* wurden noch unter der Obhut der neuen GmbH, deren alleiniger Gesellschafter die Treuhandanstalt war, am Tropf gehalten.
Ich selbst habe nie vorgehabt, ein solch neues Autohaus zu übernehmen. Durststrecken im Absatz, die Finanzierung hoher Bestände an Gebrauchtwagen, das sofort erwachte Rabattunwesen, für den Anfang keinen Kundenstamm in der Werkstatt, sah ich als zu risikoreich an, wenn keine Kapitaldecke vorhanden war.

Um den Zubehör-und-Teile-Großhandel zu retten, wurde der Anschluss an eine schwäbische Einkaufsorganisation gesucht. Die Manager dort wollten gern, aber letztendlich hatten sie Angst vor Verlusten, die tatsächlich drohten, weil dem ehemaligen VEB ohne Eigenkapital sofort Konkurrenz aus dem Westen erwuchs, die er nicht parieren konnte. Ohne Geldkapital standen wir da, weil volkseigene Betriebe grundsätzlich ihre Gewinne an den Staat abgeführt hatten und nur geplante Mittel zurück bekamen.

Von außen war ich unangefochten. Als von der Treuhand angestellter Geschäftsführer erhielt ich nun ein besseres Gehalt. - Unter einigen Mitarbeitern spürte ich jedoch plötzlich eine Verweigerungshaltung. Meine Vorschläge wurden kaputt diskutiert. Einer, den ich für mich als den „pedantischen Biedermann“ bezeichnete, belehrte mich, dass ich als Geschäftsführer, welcher der Treuhand unterstehe, nur „Primus inter Pares“, und nicht mehr der alleinige Entscheidungsträger sei. Auf diese Weise geschah es, dass die Halle in Schmarl nicht an eine Baumarktkette vermietet wurde, die sogar für die Fertigstellung sorgen wollte, weil eben dieser Schlaumeier meinte, einen höheren Mietpreis erzielen zu können. Er pokerte so lange, bis es keinen Interessenten mehr gab. Der Bau war eingestellt, die Investruine hingestellt.

Eines schönen Morgens las ich an der Wand meines Bürogebäudes:

„Der Wendehals Böttger muss weg!“

Roger Willemsen stellte in seinem Essay „Ein kleines Winken“ zum 20.Jahrestag der Grenzöffnung 2009 richtig fest, dass für Leute wie mich damals nur zwei Bezeichnungen möglich waren. Entweder war man ***Wendehals*** oder ***Betonkopf.***

Ich ließ mich auch durch diese zweite Schweinerei nicht ins Bockshorn jagen, aber musste mich fragen, für wen ich mich abrackerte. Wenn die nicht wollten, ich käme auch allein weiter. Trotzdem machte ich einen schmerzlichen Prozess durch. Schließlich galt mir „mein“ Betrieb als mein Lebenswerk. Nun wollte man mich verdrängen. Und die Menschen, die das mehr oder weniger merken ließen, waren welche, die ich immer mit Vorbehalt beobachtet hatte. Es waren Laue, Horcher, Schleicher. Ich wusste etwas von Körpersprache. Nur meiner Frau schilderte ich meine Beobachtungen. Der Mann, von dem ich ihr früher einmal sagte, der käme mir nicht ganz koscher vor, weil er die Knie nicht durchdrücke, war der listenreichste Schleicher.

Meine Machtbasis zerbröckelte. Es war allen klar, dass der gesamte Handelsbetrieb so nicht zu halten war. Aber dem Vorschlag eines großen Hamburger Bankers, einfach das Ganze zu kaufen, um mit den Grundstücken Geld zu machen, wollte und konnte ich nicht folgen. Dann hätte ich mir sechs Millionen Kredit aufgeladen, in den Augen meiner Leute aber hätte es nach Bereicherung ausgesehen. Meine Frau meinte, wenn ich das täte, würde man uns die Fenster einschmeißen. Das war vielleicht naiv, aber wir dachten eben in dieser Zeit so.

Einer zog die Fäden. Ich, seit jeher zur Intrige unfähig, tat nichts dagegen. Ein Hamburger kaufte die Firma. Das Geschäft sollte aus Vermieten und Verkaufen der Immobilien bestehen. Ein wenig funktionierte das wohl auch, aber irgendwann kam es anders: Der Investor musste sich mit einer zweistelligen EURO-Millionenschuld in die Emirate absetzen, weil die nicht an Deutschland ausliefern. Das Skelett der Superhalle verschwand hinter Birken, Erlen, Holunder und Goldruten, - bis heute.

Der Treuhandmitarbeiter, dem das Stamm-Autohaus samt Liefervertrag eines Japanimporteurs überlassen wurde, machte pleite.

Zurück in das Jahr 1990: Von aller Welt enttäuscht, sagte ich dem Unternehmer zu, der mich lange umworben hatte, verabschiedete mich von meinen Mitarbeitern und konnte nur ahnen, dass ich sie bis auf ganz wenige der Arbeitslosigkeit überließ.

Ich verdiente sofort mehr als das Doppelte. Schnell lernte ich alles Technische, was für den Verkauf von Gabelstaplern und anderen Spezialgeräten zu wissen nötig ist. Weil Elfi und ich nicht mehr in Rostock leben wollten, die Kinder waren aus dem Haus, verkauften wir unser Anwesen teuer und kauften in der Lüneburger Heide besser und billiger. Ich war für meine Firma zwischen Hamburg, Bremen und Hannover tätig. Elfi verkaufte Fleisch und Wurst mit Lust und Liebe.

Mein neuer Chef hatte sich mit der Expansion in den neuen Ländern übernommen, die Rezession um 1993 bewirkte ein Übriges, die Umsätze brachen weg, es kam zum Konkurs. Wer danach die Firma ersteigerte, war die Ehefrau des Mannes. Das Unternehmen wurde auf sein ehemaliges Aktionsgebiet zurück geführt. Mein ökonomisch eher misstrauischer Schutzengel hatte mich davor bewahrt, die vor dem Umzug angebotene Beteiligung an der „…. Stapler GmbH Rostock“ anzunehmen. Unser Haus wären wir los geworden, weil im Osten die ***beschränkte Haftung*** ausdrücklich nicht galt. Mein Antrag auf 250. 000,00 DM Aufbaukredit als Anteil an der Gesellschaft war schon genehmigt. Nach einigen Nächten des Nachdenkens verzichtete ich. Misstrauisch war ich geworden, als in einem handschriftlichen Protokoll des besagten Unternehmers erwogen wurde, die aus dem IFA-Vertrieb hervorgegangene GmbH als Teilhaber zu küren, weil dann „Verluste auf sie abgewälzt werden könnten." Geschäft und Moral haben manchmal nichts mit einander zu tun, lernte ich.

Nun, nach dem Konkurs der Staplerfirma war „selbst ich" arbeitslos. Mein Arbeitslosengeld wäre nicht schlecht ausgefallen. Aber der Gedanke daran kam mir gar nicht. Mit siebenundfünfzig konnte ich mir nicht vorstellen zuhause herumzusitzen. Ich schrieb viele Bewerbungen, die ersten in meinem Leben, die nicht pro forma eingereicht wurden.

Als ich genug unehrliche Antworten hatte, die von „Überqualifizierung" sprachen, aber „zu alt" meinten, beschaffte ich mir eine Gewerbegenehmigung für eine freie Handelsvertretung, mit der ich nach einiger Zeit sogar verdiente.

Auf Messen in München, Frankfurt, Köln, Hamburg etc. suchte ich mir Unternehmen heraus, denen ich meine Dienste anbot, weil mir deren Produkte gefielen. Das gefiel diesen Firmen auch, aber nicht immer den potentiellen Kunden. - Druck machte ich mir selber und war froh, keinem Vorgesetzten mehr ausgeliefert zu sein. Dienstleistung kommt von Dienen. Dessen war ich mir in meinem Berufsleben stets bewusst und vermittelte es weiter. Neu war nun für mich, dass es einige Geschäftsleute gab, denen es Spaß machte, den Vertreter mit sächsischem Idiom wie einen Lakaien, statt wie einen Dienstleister zu behandeln. Ich hielt es aus. Aber nach drei Jahren, als mir das Kreuz vom vielen Fahren gar nicht mehr aufhören wollte zu schmerzen, wurde ich Rentner.

Ohne dass ich es wusste, erlosch die Nachfolgefirma des stolzen VEB IFA-Vertrieb Rostock irgendwann und verschwand unter einem IKEA-Kubus und zugehörigen Parkplätzen.

Spießerleben
Glück und Unzufriedenheit

Seit wir Rentner sind, zelebrieren wir das Frühstück, brauchen dazu fast eine Stunde. Meistens hören wir „Am Morgen vorgelesen" von *NDR Kultur* dabei. Gute Literatur, gelesen von namhaften Schauspielern mit schönen, angenehmen Stimmen, bereitet Genuss. Die halbstunden langen Abschnitte erzeugen Neugier auf die Fortsetzung. - Für ein gelungenes Sonntagsfrühstück brauche ich Barockmusik, den Duft der aufgebackenen Brötchen und ein frisches Oberhemd mit Krawatte. So war es immer zu Hause, so muss es sein.

Wir besaßen den schönen Winkelbungalow in der Lüneburger Heide 13 Jahre lang. Als wir einzogen, ging in der Siedlung die Frage um: „Wie kann sich ein Ossi solch ein Haus leisten?" Eigentlich war es für zwei Personen viel zu groß. Aber man kann sich ausbreiten. Im Keller gab es einen Partyraum für dreißig Personen mit fest installierter Schankanlage, eine Werkstatt für Holz und Metallarbeiten, einen Vorratsraum und die Sauna. Wohnen und Schlafen fand im Erdgeschoss statt. Im Dachgeschoss wurde gemalt und computert. Aber drei Gäste fanden dort auch noch Platz.
Als ich damals den Einzelvertrag vom Generaldirektor

bekam, nahm ich mir vor, mit sechzig aufzuhören und zu malen. Ich habe mit sechzig aufgehört, aber unter anderen Umständen. Allerdings werden die Beiträge aus dem Einzelvertrag auf die Rente angerechnet. Der Bundesarbeitsminister Norbert Blüm wollte gerne, dass auch Betriebsdirektoren wegen ihrer „Nähe zur Regierung" mit niedrigeren Renten bestraft würden. Damit kam er aber nicht durch. Also konnte ich jetzt unbesorgt malen und werkeln.

Die Bilder gefallen, jedoch naturgemäß nicht jedem. Anfangs habe ich Werke großer Impressionisten abgemalt, später versuchte ich mich an abstrakter Malerei. „Keine Kunst ohne Konzept!", sagte Goethe sinngemäß. Also sucht der Hobbymaler das Konzept während der Arbeit zu finden und kann sich am Schluss sagen, was die Sache bedeuten soll. Farbigkeit, Rhythmus, Komposition entstehen im Kopf und doch kommt es oft anders auf die Leinwand. Die sinnliche Erfahrung des Striches mit dem Pinsel, dem Spachtel, dem Lappen oder auch mit dem Finger suche ich immer wieder.

Zwei alte Freunde, eine Frau und einen Mann habe ich porträtiert. Ähnlichkeit und Darstellung fanden in den beiden Familien Freude und Anerkennung.

Unterricht im Zeichnen und Malen habe ich nie genommen. Wenn es nichts wird, auch gut. Das, was entsteht, hinterfrage ich lange Zeit. Lebe ich ein Jahr mit einem Bild, ohne dass es mir gleichgültig wird, denke ich, es hat etwas.

Im Garten stand ein Vogel Strauß, den ich aus Teilen einer zerlegten Registrierkasse und anderen Schrottteilen

geschweißt habe. An anderer Stelle standen ein Hornist und ein Tenorhornspieler. Die Instrumente sind echt, die Körper sind aus Vierkantprofil nach dem Strichmännchen-Prinzip geschweißt. Ich konnte die drei beim Wegzug gut verkaufen. Die Gehölze, die Flächen, darin der Teich, harmonierten durch optische Spannung, farbliche Kontraste, sich hebende und senkende Linien, alles eigenhändig geplant, gepflanzt, gepflegt. Niemand begriff, warum wir hier weg wollten.
Die Vereinsamung ist Grund genug. Die Dorfgemeinschaft hat uns nie angenommen. Schuld trug ich daran auch, denn ich lehnte es freundlich ab, Mitglied im Schützenverein zu werden. Das vergaßen sie mir nicht. Unter den Leuten gab es Mitglieder des „Kyffhäuserbundes", von dem ich meinte, er sei 1945 als Kriegerbund abgeschafft worden. Ich hatte keine Lust, mich mit Ur-Altlasten im neuen Gewande zu beschäftigen. Einem dieser Männer konnte ich den Mund wässrig machen, als ich ihm erzählte, dass mein alter Kumpel bei einer Haushaltauflösung besterhaltene Fotoalben über Hitler gefunden hatte.
„Mensch, kann man da ran kommen?"
Ich sagte: „Nun, ich habe meinem Bekannten geraten, das Material einer wissenschaftlichen Einrichtung zu übergeben, damit kein Blödsinn passiert."
Sein Blick sprach Bände.
Zweimal scheiterte der Versuch, sich mit einem anderen Paar zu befreunden, gute Gespräche, gemeinsame Unternehmungen zu haben. Immer war es das Unwissen über das Leben in der DDR, woraus Unverständnis,

Vorbehalte, Besserwisserei und Missverständnisse resultierten. Das ungläubige Erstaunen der Alt-Bundesbürger über Kultur, über Bildungspolitik, die wider alle ihre Vorstellungen tatsächlich im anderen deutschen Staat einen hohen Standard hatten, war mitunter beleidigend. Fast peinlich ist es, hier anzumerken, wie eine Studienrätin mit dem Nebenfach Religion uns einmal aufgewühlt vor Mitleid fragte: „Und wie war das, als ihr da drüben endlich wieder Bach hören konntet?" Der Sarkasmus, mit dem ich antwortete, beendete die Bekanntschaft. Ihrem Mann habe ich dann erzählt, welche weltberühmten Ensembles und Solisten aus der DDR die umfangreichste Bachpflege mit Weltniveau betrieben haben und wie Bach immer präsent war für jeden, der ihn suchte.
Auch mit unserer Geschichtsbetrachtung, grundsätzlich hinterfragt nach Ursache und Wirkung oder mit *Wem-nützt-es?*, nach dem Hintergrund der Produktionsverhältnisse, sah ich mich oft unverstanden. Die Bildungswege und deren Inhalte waren vierzig Jahre und länger zu unterschiedlich.
Erst als wir uns entschlossen hatten, das Haus zu verkaufen und weg zu ziehen, kamen wir über einen Kegelclub an ein paar nette Menschen.

Ich machte eine Art Herbstdepression durch, fühlte mich überflüssig. Was schaffe ich überhaupt noch? Was für ein Fehler war mein Rückzug in Rostock! Weil Elfi das merkte, ich mich aber nicht erklärte, nicht erklären konnte, wurde sie ihrerseits wortkarg.

Dann ist sie auch noch verreist, nach Dresden zu unserer Susanne und dem künftigen Schwiegersohn. Da fehlte sie mir. Schrecklich. Ich hatte den gewöhnlichen Tagesablauf nicht im Griff. Eine Kneipe war da nicht. Und wenn, dann säßen keine Kumpels darin, mit denen ich hätte quatschen können.
Immer öfter schwenkte mein Blick zur Hausbar.
Ich öffnete den alten Whisky.
Pur trank ich ihn und stubenwarm.
Wunderbar die Phase mit der erhöhten Hirnaktivität nach dem ersten Glas. Noch eins, weil's so gut schmeckt. Noch eins, warum denn nicht?
Unmut stieg in mir auf.
Ich grub in den alten Arbeitsbüchern, Kalendern, Notizbüchern, Protokollen und suchte meine Bedeutung von damals, zerlegte die Erinnerungen an die Wende, glaubte immer mehr hinter die Machenschaften meiner Widersacher zu blicken, schimpfte laut und belegte die hinterlistigen Leute mit starken Ausdrücken.
Ich holte meine Stasi-Kopien hervor.

Vor einigen Jahren durfte ich in der sogenannten Birdler-Behörde Außenstelle Rostock meine Akte einsehen. Lange Jahre hat es mich nicht interessiert, was darin stand. Der Abstand schien mir geraten, weil, so dachte ich, mich dann nichts mehr erschüttern könnte. Erleichtert stellte ich fest, dass unter den Denunzianten und Informanten keine Freunde und Verwandten zu finden waren. Die drei Leute, denen ich zugetraut hatte, Dreck über mir ausgekippt zu haben, die fand ich; leider auch den pedantischen Biedermann und eine Frau, die mir einst so viel Vertrauen entgegen brachte. Der Genosse „Biedermann“ hatte zu mir sogar einmal gesagt, er kenne keinen, der *es* besser könne, nämlich den Betrieb zu leiten.

Enttäuscht stellte ich fest, nicht wegen kritischer Äußerungen zur Politik oder Witzen angeschwärzt worden zu sein. Über Jahre wurde versucht, mir Bereicherung und Korruption anzuhängen.

Da ist eine enge Mitarbeiterin von 1982. Sie muss intellektuell doch überfordert gewesen sein, so dumm sind die Auslassungen. Ich ließe mich völlig neu einkleiden. Ob der „Herrenausstatter“ schon ein Auto bekommen hätte, wisse sie nicht. Ein Offizier der Kriminalpolizei mit dem Kürzel „Li.“ schreibt den Unsinn ohne exakt zu ermitteln auf. Ein „IKM“ (Inoffizieller Mitarbeiter der Kriminalpolizei) wird in dem Bericht erwähnt. Er („sie“ müsste es heißen) sei „beauftragt bis November 1982 konkrete Angaben“ zu machen. Weiter schreibt ein Hauptmann Brock des MfS Dinge auf, die ihm von der „Quelle B…..“ angesagt werden. Für den Decknamen benutzte er einfach die gängige Zärtlichkeitsform ihres Rufnamens. So wurde sie auch von ihren Kolleginnen gerufen. Da geht es „um den schnell gewachsenen Wohlstand des Direktors“ und insbesondere um das „Haus, welches er sich in relativ kurzer Zeit gebaut hat.“ (Es waren fünf Jahre.) Als ich das las, erinnerte ich mich, wie gern ich diese Frau gemieden hatte.

Die Originale hatte ich mit Namen der „Tschekisten“ und Decknamen der Flüsterer lesen dürfen. Die Klarnamen erhielt ich ein Jahr nach der Einsicht.

Der „IKM“ ist die Frau, der ich geraten hatte, zu beten. Ein Mann ist darunter, den ich während dessen schwerer infektiöser Erkrankung ein Jahr lang fast regelmäßig wöchentlich besucht und dessen Ehefrau zu der entlegenen Klinik gefahren habe. Es ist ein Mann, der auch in geschlossenen Räumen gerne Sonnenbrille trug. Es ist ein Mann, dem ich bis zuletzt meine Gedanken anvertraut habe. Der schildert in seiner Wohnung einem Major Zinnsmann wider besseres Wissen falsch oder diffus, welche Möglichkeiten der Betriebsdirektor hätte, unsaubere Sachen zu machen. Beweisen könne er zwar nichts, aber... „der aufwendige Stil... sei... nicht durch sein Gehalt finanzierbar.“

Was für ein Stil war denn das? Ich legte immer Wert auf mein Äußeres. Man wusste von meiner Kunstbegeisterung, aber niemand aus dem bewussten Personenkreis war in der Lage mit mir über Kunst und Literatur zu reden. Ich sprach agitatorisch darüber. Hinter meinem Auftreten sahen manche wohl ein Gesamtbild, das nicht zu ihren beschränkten Vorstellungen passte. Empfanden sie mich auch als ***Bourgeois***? Der ich gar nicht sein konnte! Tatkraft, handwerklichen Fleiß, Geschick, aus wenig etwas Schönes zu gestalten und sich daran zu freuen, das wollten ein paar Neider offenbar umdeuten in teuren Aufwand.

Weil Elfi und ich den Neid an uns selbst nie kannten, machte ich den Fehler, zu denken, dass jeder sich mit mir freuen könnte, wenn ich etwas geschaffen hatte. So konnte ich mich nämlich mit Anderen freuen.

Da die Denunziationen beim MfS nicht aufhörten, veranlasste der Oberst Hans Riedel per 14.Juli.1988 eine Ermittlung durch die Kriminalpolizei. Die Kopie des Auftrages hing ebenfalls in der Stasi-Akte. Neun klare Prämissen gab Riedel dem Volkspolizei-Kreisamt vor, nach denen gegen mich zu ermitteln war. Ziel war der Nachweis der Korruption. Der Ermittlungsbericht des „Hptm. der K, Dreyer“ vom 14.10.1988 beginnt mit den Worten:
„Die vorgegebenen Fragen konnten trotz Bemühungen *des speziellen Mittels* nur teilweise beantwortet werden, da von der Funktion her die Quelle keine Berührungspunkte zu innerbetrieblichen Abläufen im Bereich PKW-Handel hat.“ Nun mutmaßt jemand, der „pedantische Biedermann“, über Möglichkeiten, kann aber nichts Konkretes sagen und erklärt, dass Böttger als „absoluter König“ gelte und auch so aufträte, dass er mit niemandem aus dem Betrieb „persönliche oder vertrauliche Beziehungen“ habe. Zu seinen Geburtstagen wäre „Großer Bahnhof“ und es kämen große Leute, von denen er Nutzen hätte. Der Informant wusste genau, dass der Betrieb Nutzen aus meinen Verbindungen zog. Das Ganze - ein Schuss in den Ofen.

Ich erfuhr von einem ehemaligen Offizier der Volkspolizei, dass das „spezielle Mittel“ das Abhören und auch das Eindringen in die Wohnung bedeutete. Das empfanden meine Frau und ich nachträglich deprimierend und beleidigend. Und das hatten wir ein paar böswilligen Neidern zu verdanken, die mindestens sechs Jahre lang nicht locker ließen.

Auch ein Hypochonder, dessen hypochondrische Frau seinen Ehrgeiz anstachelte, war unter den Informanten. Der berichtete ebenfalls so nebulös und wider besseres Wissen, dass ich möglichst unter Verdacht bleiben sollte. In keinem der Berichte des MfS und der Kriminalpolizei wird etwas nachgewiesen, alle enden mit offenen Fragen. Es sind auch Fragen darunter, die sofort hätten beantwortet werden können. Wie zum Beispiel: „Wer gehört zum PKW-Beirat?" Idiotisch oder schlampig und eigentlich enttäuschend ist das, wenn man immer gehört hat, die Stasi sei so perfekt gewesen.

Ich fertigte also einige Kopien, in denen die Namen geschwärzt, „anonymisiert" sind und hatte den Vorsatz, sie den Leuten zu schicken. „Damit sie sich ordentlich schämen können."

Der Whiskys ließ nach. Ich kochte mir einen Mokka.

Am nächsten Tag heftete ich die kopierten Blätter zu den anderen und musste plötzlich fürchterlich lachen, weil ich mir die Gesichter der bestimmten Leute vorstellte, wenn sie das hier erführen: In der Akte hing eine Quittung des Obersten Riedel, die ich bisher übersehen hatte, weil sie sich an das vorher kommende Blatt schmiegte. Sie lautet über 70, - Mark für den Bildband „Das Berliner Schauspielhaus", der dem „Genossen Böttger zum 50. Geburtstag" (1986) verehrt wurde. „Also, Stil hatte der Riedel Hans.", dachte ich. Dann fiel mir ein, dass ich im Herbst 1988 von dem Manne zur Jagd eingeladen wurde.

Auch die Gedenk-Medaille aus Neusilber mit der Aufschrift

„heißes Herz, kühler Kopf, saubere Hände“

hat Riedel mir damals so ganz nebenbei in die Hand gedrückt, ohne Schmus oder Pathos. „Hier, guck mal, für dich.“ Doch wohl nur, weil er nun sicher war, dass an den Gerüchten und Verleumdungen nichts dran war. Ich beschloss, an die armen Menschen, die mit ihrer miesen Vergangenheit selbst fertig werden müssen, keinen Gedanken mehr zu verschwenden. - Nun habe ich es doch getan; aber nur weil es dazu gehört, nicht aus Rache!

Denke ich an IFA, frage ich mich, was ich hätte besser machen können. Die Achtung der Menschen habe ich gesucht, mich aber nicht sonderlich um Zuneigung bemüht. Ich meinte, dass das nicht möglich ist, wenn man eine solche Truppe leiten muss. Noch dazu eine Truppe, die mit brisanter Ware umgeht.

Ohne ein starkes Ego kommt niemand in eine solche Position. Daraus ergeben sich Angriffspunkte für Gegner. Nichts dagegen, wenn sie mit offenem Visier antreten. Aber es ist wohl auch allzu menschlich, sich zu tarnen und aus der Hecke zu schießen.

Frage ich mich, wem ich gedient habe, ist die Antwort: Den Menschen, - nicht der Partei! Die habe ich dazu gebraucht.

Ich habe die Zwiespälte in meinem Denken und Handeln geschildert. Sich im Nachhinein pauschal von dem System DDR zu distanzieren, geht nicht. Es wäre nicht glaubhaft, weil ich Teil dessen war, einer von vielen tausenden.

Heutzutage wehre ich mich gegen die Plakatierung jeglicher Erinnerung an die DDR mit dem Wort „Unrechtsstaat". Das ist für ihre ehemaligen Bürger nicht zumutbar; es ist sogar diskriminierend! Wir lebten in einem Staat, in dem auch Unrecht geschah, ja, sogar Leben wurden vernichtet. Alles muss aufgearbeitet werden. Aber man darf die facettenreiche Lebenserinnerung der Menschen aus jenem kleineren Deutschland nicht mit einem solchen Plakat zukleistern.

Ende der Geschichte
Ist die *Geschichte* am Ende?

Nach Dresden, dem kleinen Kosmos aus Natur und Kunst, auch zu den kleinen Enkeln Fritz und Christian zog es uns. Nun sind wir da, wohnen schön, genießen alles lang Ersehnte.

Mitunter schreibe ich Gelegenheitsgedichte, auch böse zur Tagespolitik und erfreue mich an meinem Satirebändchen über die kleinen Schwächen und Macken der Zeitgenossen. Ein Krimi mit Tiefgang ist entstanden. Wohl deshalb verkauft er sich schleppend. Natürlich kennt mich auch niemand, ich werde nicht „promotet". Vielleicht ist das Buch auch gar nicht so gut. Der Autor ist immer parteilich.

Die kleinen Knaben erwärmen uns das Herz. Ich schreibe für sie Einschlafgeschichten und bewahre ihre Sprüche auf.

Doch oft hänge ich Gedanken nach, die depressiv machen können, lässt man sie gar zu nahe an sich heran. Ich sinniere über die politischen und gesellschaftlichen Vorgänge, schimpfe und ärgere mich über die Ohnmacht des Wählers nach der Wahl. Aber ich schaffe es nicht, meine Neugier auszuschalten.

Die DDR will ich nicht wiederhaben. Denke ich allein an kaputte Dächer und Dachrinnen, ganze durchnässte Häuserfassaden, den Zweitaktgestank, werde ich noch im Rückblick traurig. Straßen und Telefonverbindungen, ein Graus; die Luft im Raum Leipzig-Halle, für meine empfindlichen Bronchien tödlich. Übernachtete ich in Leipzig, trug mein Auto bei geeigneter Windrichtung morgens eine Ascheschicht und … die Nasensteine waren von schwarzgrauer Farbe. - Mein Schulkamerad Dehne betrieb bei Borna eine Gärtnerei. Die Brikettfabrik bezahlte ihm monatlich eine Reinigung seiner Gewächshausdächer, weil sonst die Sonne nicht mehr durchgekommen wäre. (Ähnliches hatte ich schon im Ruhrgebiet beobachtet.) Die sogenannte *Glauchauer Augenkrankheit* entstand durch die Kontamination der Menschen mit dem nach faulen Eiern stinkenden Schwefel-Wasserstoff-Auswurf des Spinnstoffwerkes. Die Zwickauer Mulde, der Fluss, in dem ich als Kind geschwommen bin, wurde radioaktiv, so dass in der grauen Brühe keinerlei Leben mehr zu finden war. Schuld war die Uran-Erzwäscherei in Crossen bei Zwickau. Schluss damit! - Es ist jedoch so, dass nicht nur die größten Dreckschleudern verschwanden, sondern Industrie überhaupt, weil ihr *Ertragswert* in DM „sich nicht rechnete" und Konkurrenz verschwand, wenn man sie für ein Linsengericht kaufte und einfach still legte. Gewiefte sackten dazu noch Subventionen ein.

Noch einmal zurück: Die stupide Angst der SED vor „kleinkapitalistischen Tendenzen" wurde auf ganz simple Weise sofort nach der Wende reflektiert. In den Dörfern um Rostock sah ich über Nacht nagelneu gepinselte Schilder an den Straßen, die „Frische Eier" und „Honig" feilboten. Noch von denselben Hühnern und Bienen wie vorher stammten die Produkte. Diese mussten in der DDR, staatlich verordnet, von der „Bäuerlichen Handelsgenossenschaft" BHG „erfasst" werden.

Ich bin dankbar für die großen Leistungen, die uns seit Jahren das Leben schöner und angenehmer machen. In der längsten Friedensperiode Europas seit 1945 leben zu dürfen, kann gar nicht hoch genug gepriesen werden! Deutschland hat keinen *Erbfeind* mehr, gegen den mein Vater, 1899 geboren, in seinem kurzen Leben zweimal zu seinem sehr eigenen Schaden kämpfen musste.
Der Frieden ist das Höchste. Aber was machen wir daraus? Kann denn der innere Frieden erhalten bleiben, wenn die Gesellschaft auseinander triftet?
Gegen einige Vorgänge in der heutigen Zeit erfüllt mich Widerwille. Nach wie vor höre ich genau zu. Soll ich sagen „leider"? Soll ich es machen, wie ein Freund, den das alles seit Jahren nicht mehr interessiert? Nein! Ich will mitreden können.
Wenn ein Porsche-Manager auf dem Genfer Autosalon 2010 erklärt, dass der Porschefahrer „sozial akzeptiert werden will", regt mich das auf. In flüssiger Rede, die linke Hand selbstverständlich cool in der Hosentasche, wird hier beiläufig preisgegeben, wie man über das Menschsein denkt: *Hast Du keinen Porsche, kann man dich nicht akzeptieren.* Zynisch und lächerlich zugleich ist das. - Die Exponenten einer finanzstarken Hamburger Kampftruppe gegen die sechsjährige Gemeinschafts-

schule sagten in die Kamera, man habe Erfahrungen mit „proletarischer Intelligenz, die nichts zu leisten imstande sei". Welche abgehobene Vermessenheit darf sich hier verbreiten? Was steckt aber besonders hinter dem zweiten Beispiel? Die verbandelten oberen Zehntausend wollen kein Kind aus unteren Schichten nach oben kommen lassen. Ich erkenne darin Klassenkampf von oben. Von „spätrömischer Dekadenz" war die Rede, also von Niedergang und Verfall humanen Denkens und Handelns. Richtig! Die zwei Beispiele zeugen davon, nicht die Zielgruppe des zitierten Politikers. Wie hohl wird da das Schlagwort „Soziale Kompetenz", die man unablässig für sich beansprucht.

Übrigens kenne ich keine aktuelle Definition für Klassen in der Gesellschaft. Neben ***Arbeitgebern und Arbeitnehmern*** haben wir heute Menschen, die an der Wertschöpfung teilnehmen dürfen und immer mehr Menschen, die Transfer-Empfänger sind, mit dem Kunstwort ***Prekariat*** gestempelt. Weit oben wächst die Schicht oder Gruppe derer, die keine Wertschöpfung im klassischen Sinne bewirken, aber Geldvermehrung zum eigenen Nutzen betreiben, zum Teil mit Geld das sie gar nicht besitzen. Irre! Sind das noch Bürger im sogenannten bürgerlichen Lager? Bürger im besten Sinne, mit Geradheit, Verantwortungsbewusstsein, Pflichtgefühl, also Wertebewusstsein? Wohl kaum.

Selbstverständlich findet man den ***ehrbaren Kaufmann*** unter Managern und vor allem unter den Chefs von Familienunternehmen immer noch.

Auch sie höre ich von wuchernder Skrupellosigkeit sprechen, wenn über die Bankenskandale debattiert wird und man verzeichnen muss, dass die Spekulanten ungerührt einfach weitermachen. Der Horror geht soweit, dass gegen ganze Volkswirtschaften, gegen Währungen gewettet wird.

Banker bekommen schamlos hohe Boni. Aber wenn sie sich verzocken, keine Mali. Verluste wurden gerade in unfassbarer Höhe sozialisiert, der Allgemeinheit aufgebürdet. Und der belastete Banker klagt um Millionen für sich! Skrupellos ist schon der Versuch!
Ja, der Rechtsstaat samt seiner Justiz gibt uns mitunter Rätsel auf.

Skrupellos ist auch die staatlich sanktionierte Nötigung der Verbraucher durch die umweltzerstörenden Ölkonzerne mittels Willkürpreisen für Kraftstoffe.

Warum schreitet die Politik der großen Staaten nicht gegen das Spekulieren auf Lebensmittel ein? Wo jeder weiß, dass die Weltmarktpreise nur dadurch bestimmt werden und die Ärmsten darunter leiden müssen.

Skrupellos ist das Preisdiktat der Pharmaindustrie.
Hilflos erlebt der Bürger, wie alles „in Wert gesetzt“ [1)], also vermarktet wird, auch das, was nicht gegenständlich ist, sogar seine persönlichen Daten.

Das Parteiengezänk, der ständig irgendwo stattfindende Wahlkampf der Kontrahenten, der nur das Kalkül, womöglich die eigene Profilierung, nicht aber das Wohl des Volkes im Auge hat, das alles finde ich unerträglich.

Man kann das Herrschaftssystem der DDR nicht relativieren; es steht mit allem, was darin geschah für sich. Es ist ein gescheitertes Gesellschaftsexperiment. Aber ist es nicht qualitativ eine viel höhere Ebene auf der sich heute Unrecht, Korruption, Manipulation und „Lüge als Prinzip“ [2] abspielen?

Stellen die Zustände im globalisierten Kapitalismus „das Ende der Geschichte“ [1] dar, seit das feindliche Lager niedergerungen ist? Kann es nur so und nicht anders weitergehen, wie manche Makroökonomen es uns weis machen wollen? -

Werden sich Kräfte im Land und in Europa formieren, denen eine bessere, gerechtere Gesellschaft oberstes Ziel ist?

Werden diese Kräfte eventuell ganz neue Wege finden; solche, die noch niemand beschritten hat; die noch in keinem Parteiprogramm beschrieben sind?

Oder welche Erschütterungen von außen, welche Veränderungen im Innern wird es geben müssen?

Muss erst Niedergang und Chaos sein, ehe das Neue sich bilden kann?

Ist es gar möglich, dass wir hier zur Filiale des Reiches der Mitte werden? Sollen meine Enkel vorsorglich Mandarin lernen?

Ich muss mit diesen und anderen offenen Menschheitsfragen weiter leben. Und das werde ich auch, denn es gibt immer noch viel Gutes und Schönes, unserem Kulturkreis entsprungen und ihn prägend. Damit dieses trotz vielerlei pessimistischer Prognosen erhalten bleibt, kann ich als schwacher Mensch nur beten.

Zu gern hätte ich für meine Elfi auch künftig noch gute Zeiten. Sie hat schließlich mehr als fünfzig Jahre mit mir durchgehalten. D a s ist einen Orden wert!

Ach, nur noch ein Gedanke: Lebte die Elly Doerrer noch, könnte ich ihr sagen: „Entgegen deiner Prophezeiung bin ich doch nicht das ganze Leben lang unglücklich gewesen. Nur in bestimmten Momenten ist ein bisschen Wehmut und Sehnsucht geblieben."

Die Kapitel

Hinweis für Interessierte:

[1] Elmar Altvater: „Das Ende des Kapitalmus wie wir ihn kennen"
Verlag Westfälisches Dampfboot 2006

[2] Wolfgang Engler „LÜGE ALS PRINZIP Aufrichtigkeit im Kapitalismus"
Aufbau Verlag 2009